변곡점

수필세계사가 만든 우리시대의 수필작가선 113 조정숙 수필집

우리시대의 수필작가선 113

변곡점

조정숙 수필집

수필세계사

책 머리에

　글공부를 한 지 십여 년이 흘렀습니다. 삶이 힘들 때마다 글을 쓰면서 위로를 받았습니다. 살아온 경험을 진솔하게 쓰고 싶었지만 머리로 들인 것을 가슴으로 실천하는 것이 부족한지 글이 여물지 않았습니다. 배우면 배울수록 어려운 게 수필이라는 것을 알았습니다.
　글을 붙잡고 있으면 시간이 금방 지나갑니다. 책을 읽고 무엇을 쓴다는 것은 우리의 인생살이를 반영하고 삶과 통하고 삶을 변화시키는 일입니다. 누구나 살면서 상처가 있고, 시린 등이 있습니다. 그 상처에 약이 되고 시린 등을 따뜻하게 해주는 위안의 글을 쓰고 싶었습니다. 온기 있는 글은 슬픔을 감싸주고 행복하게 해줍니다.
　삶이 매일매일 먼지를 닦는 일이라면 수필을 쓰는 것은 마음을 닦는 일입니다. 원고를 정리하면서 나의 수많은 날과 마주했습니다. 무엇을 사랑하고 무엇을 그리워하며 살아왔는지 뒤돌아봅니다. 청년의 의미가 무엇인지 모른 채 중년이 되고, 중년의 의미가 무엇인지 모른 채 노년이 되어 가고 있습니다.

미흡한 글로 겁 없이 외출을 시도해 봅니다. 문을 나서기가 머뭇거려지고 두렵습니다. 나를 있는 그대로, 가장 서툴게, 가장 짧게 옮겨 놓았습니다.

지금까지 바람과 구름과 햇살과 비를 좇아 씨앗을 뿌리고, 열심히 뛰었습니다. 꽃 한 송이라도 핀다면 더 이상 외롭지 않을 것 같습니다. 한 치 앞을 내다볼 수 없는 인생, 어디로 흘러갈지 모릅니다. 깨어 있는 한 앞으로도 문학을 사랑하고 글을 읽고 쓰면서 계속 행복한 길로 걸어갈 것입니다.

늘 열정적으로 지도해주시고 용기를 주신 홍억선 교수님과 함께한 문우님들 덕분에 여기까지 왔습니다. 첫 외출이 부끄럽지 않길 바라면서 저와 인연이 된 모든 분께 감사드립니다.

2024 초겨울

차례

책 머리에

제1부

마흔은 인생의 변곡점이었다

013   마흔은 인생의 변곡점이었다

016   도전의 기쁨

020   등

025   스물다섯 살의 경험

030   새로운 길

035   남천나무, 내 친구

040   글쓰기가 주는 행복

044   인문학을 공부하면서

048   내 인생의 열매는 익었을까

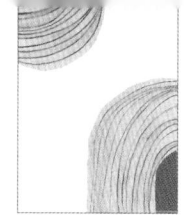

제2부
꽃을 읽다

꽃을 읽다 055
잊으면 지는 거니께 060
균형 065
2달러 070
돈 돈 돈 074
천만 원이 나에게 주어진다면 079
행복한 하루 082
산다는 건 086

제3부

사랑초

093　초승달이 된 햄버거

096　숨바꼭질

100　사랑초

104　품

109　손자의 일등

112　병아리

115　달고나 체험

119　손자에게 하듯이 내 자식을 키웠더라면

122　초등학생이 된 지훈이에게

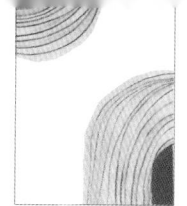

제4부

진정한 눈

신발 한 켤레와 귤 한 봉지 129
진정한 눈 133
하얀 거는 종이, 까만 거는 글씨다 138
급식소에서 143
불빛 147
친절한 공무원 152
봉화 할머니 157
부고 161
양말 165

제5부

직박구리 둥지

173 집

179 밥

184 분홍 꽃과 흰 꽃

189 직박구리 둥지

194 십시일반十匙一飯

199 최고의 생일 선물

202 고무신

207 청라언덕

211 어머니 전前

215 발문

제1부

마흔은 인생의
변곡점이었다

- 마흔은 인생의 변곡점이었다
- 도전의 기쁨
- 등
- 스물다섯 살의 경험
- 새로운 길
- 남천나무, 내 친구
- 글쓰기가 주는 행복
- 인문학을 공부하면서
- 내 인생의 열매는 익었을까

마흔은 인생의 변곡점이었다

나는 마흔에서 오십 사이, 십 년을 한 길로만 달려왔다. 1997년, 아이엠에프 터지던 해가 마흔이었다. 회사들은 구조조정을 하고, 자영업 하는 사람들은 힘들어 하던 때였다. 남편 회사도 구조조정을 했다. 다행히 남편은 구조조정 대상에서 빠졌지만 임금이 동결됐다. 시간이 갈수록 시어른 병원비, 아이들 교육비는 늘어만 가는데 남편 혼자 벌어 감당하기에는 많이 부족했다.

정보지를 보고 찾아간 곳이 학습지 회사였다. 돌이 지난 유아부터 초등학교까지의 학습지였는데 일주일에 삼 일을 배달하고, 하루는 가르침을 원하는 아이 집에 가서 지도하는 일이었다.

　입사할 때는 시간이 자유로워 가정일과 아이들을 돌볼 수 있을 것 같아 들어갔는데 그렇지가 않았다. 배달이 없는 날은 9시까지 출근해서 교육을 받고 영업을 나가야 했고, 자기가 배달할 구역의 교재를 정리해야 하는 등, 일이 여러 가지로 많았다. 더 어려운 일은 수금을 하는 일이었다. 요즘은 지로나 자동이체라는 시스템이 있어 편리하지만 그때는 그런 제도가 없어 한 달이 지나면 집집마다 돈을 받으러 다녀야 했다. 수금하러 가면 집에 사람이 없어 몇 번을 가야 했고, 심지어는 밤늦게나 아침 일찍 찾아가야 했다. 어떤 집은 몰래 이사를 가서 돈을 떼인 적도 있었다. 이런 집은 전부 내가 책임을 져야 했다.

　너무 힘들어 몇 달만 하고 그만둘까도 생각했다. 하지만 남편과 아이들 보기에 부끄러워 그만둘 수가 없었다. 고비를 이겨내고 하는 데까지 해보자고 마음을 먹었다. 배달하면서 엄마들의 아이 키우는 이야기를 들어주고, 아이들 동화책을 읽어주고 하다 보니 차츰 부수가 늘어나고 재미가 있었다.

　십 년 가까이 학습지를 하면서 나 자신이 늙어가는 줄은 몰랐다. 탱탱했던 얼굴은 어느새 주름이 늘고, 머리에는 흰머리가 생기기 시작했다. 정신없이 앞만 보고 달리다 고개를 들어 보니 두 아이는 십 대에서 이십 대를 넘겼고, 나는 사 학년 졸업반이 되어 있었다.

이렇게 나의 사십 대는 사는 내내 종종거렸다. 내가 노력하지 않은 돈은 내 돈이 아니라고 생각하다 보니 인생도 계단식으로 오르는 것밖에 몰랐다. 힘들어도 그게 맞는 것이라 여기며 살았다. 주위에서 대출을 내서 부동산 투기를 하고 주식을 했지만 그런 일은 나와는 상관없는 일이었고, 돈 되는 일이라고 팔을 걷어붙이고 나서지도 않았다. 오로지 조금씩 조금씩 밟아 올라갔다.

사십 대 후반, 인생의 대차대조표를 써 봤다. 어릴 때부터 가난하게 살아 일찍 삶에, 돈에, 현실에 눈을 뜨고 사십까지 달려오기만 했지, 손익계산은 해보지 않았다. 인생에 남는 장사였는지 아니었는지, 머리 굴려 살았는데 함정에 빠진 인생은 아니었는지, 노력한 만큼 대가가 따른 인생이었는지 생각해봤다.

최선이 차선이 되고, 행운이 불행이 되고, 불행이 행운이 되는 게 우리 인생이다. 복잡하고 미묘한 것이 어느 순간 잉태를 노리다가 발아하기 때문이다. 나의 사십 대의 시초는 미약하고 형편없어 보였지만 삶의 궤적이 달라지고 길이 달라졌다. 학습지를 하면서 돈은 크게 벌지 못했지만 인간관계의 어려움을 알았고, 어려운 고난이 와도 이겨낼 수 있겠구나 하는 자신감을 가지게 된 인생의 변곡점이었다.

도전하는 기쁨

오십은 반세기를 산 인생이다. 사람이 백 세까지 산다고 하면 오십부터는 전반전을 마치고 후반전이다. 전반전과 후반전은 많이 다르다. 생애 단계 구성도 변해 노년이 길어지고, 윗세대가 경험한 생애 경로를 아랫세대가 그대로 밟지도 않는다.

오십까지는 남편 내조, 자식 공부, 부모님을 생각하고 살았다면 오십부터는 나 자신이 하고 싶은 것을 하고 살아야겠다는 생각을 했다. 돈을 안 들이고 배워 볼 수 있는 게 없을까 하고 찾아봤더니 생각 외로 많았다.

국비로 교육을 받고 국가자격증까지 취득하는 거였는데 주부니까 음식 하는 것에 먼저 도전했다. 한식, 양식 조리사 자격증을 땄다. 자격증을 취득하니 취직을 시켜 줘서 유치원에서 일 년, 병원에서 일 년을 근무했다.

두 군데의 직장을 퇴사하고 구직활동을 하는 대신 다시 플로리스트 자격증에 도전했다. 화훼기능사 자격증인데 육 개월을 이론과 실습을 반복하며 자격증을 취득했다. 지금도 꽃집에서 바쁘다고 전화가 오면 일하러 간다. 이렇게 국가 자격증 세 개를 취득했다.

부모님이 편찮으셔서 병간호를 한다고 요양보호사 자격증을 취득하고, 위급할 때를 대비해 응급구조사 교육을 이수했다. 이 자격증은 부모님만 돌봐드리고 실전에서 써 보지는 못했다. 이렇게 여러 곳에 도전하다 보니 어느새 오 학년 중반을 넘어 후반으로 가고 있었다.

다시 무엇을 할까 고민하다 도서관에서 하는 무료 강좌를 알게 되었다. 영어, 중국어, 문학 강좌를 들으러 다니며 만난 방송통신대 선배의 권유로 방송통신대학 국문학과에 입학을 했다. 젊을 때 하지 못한 공부를 원 없이 해서 졸업장을 받고 자랑 같지만 상 두 개를 더 받았다.

그사이 부모님이 번갈아 수술하셨지만 쾌차하지 못해 돌아가시고, 남편은 위암판정을 받고 수술을 했다. 친정아버지가 돌아가시고 어머니가 갈 곳이 없어 옆에 모셔 와 두 집 살림을 했다. 두 아이 결혼도 시켰다. 내가 사는 동에 육 년간 마을 통장으로 봉사를 했다. 내 생애에 가장 바쁘고 이룬 결과가 많은 오십 대였다.

돌아보니 인생에는 정답이 없다는 것을 알았다. 살아가는 과정에서 예기치 못한 시련들이 수시로 생겨났다. 하지만 그 일들은 가볍지도 무겁지도 않게 꼭 감당할 만큼의 무게를 지니고 다가왔다. 하나의 어려움을 해결하고 나면 기다렸다는 듯이 다음 시련이 나타났다. 오히려 아무 일이 없으면 또 무슨 일이 터질까 하는 생각에 불안했다.

문제를 해결하면 그에 따른 선물도 받게 된다. 그 문제의 크기에 비례하는 기쁨이나 만족감이 선물이다. 쉽고 편하게 사는 사람들보다 힘들고 고통스럽지만 다양한 경험에 도전하는 사람들이 훨씬 속이 단단하고 지혜롭다.

사람들은 이 시기를 갱년기라고 했다. 제2의 사춘기라서 떨어지는 낙엽만 봐도, 하늘에 떠가는 뭉게구름만 봐도, 우울하다고 했다. 세월의 덧없음에 서글픔을 느끼고 마음을 잡지 못하고 흔들린다고 했다. 계절에 편승하여 분위기 있는 좋은 곳에서 누군가와 만나 수다를 떨고, 커피를 마시며, 살아 온 삶을 나누고 싶은 그런 나이라고 했다. 하지만 나는 인생을 새롭게 설계해 지금까지 살아오면서 하지 못해 아쉬움이 남은 삶을 후회 없는 삶으로 전환하는 계기로 잡았다.

나이가 들어갈수록 시간은 나이의 숫자만큼 빨리 간다. 현재의 생활에 안주하지 않고, 하고 싶은 일에 도전하면서 자아를 실현하고 성취감을 얻으려고 노력했다. 앞으로 더 도전하고 싶은 게 있다. 그림 그리기와 악기 하나를 다루는 일이다.

나의 오십 대는 많은 곡절을 겪으면서 자격증 도전, 대학 졸업, 봉사에서 즐거움과 행복, 희망을 찾았다. 살면서 하고 싶은 일에 도전하고 이루다 보면 이보다 더한 기쁨은 없으리라.

등

　병실에는 오후의 정적이 무겁게 내려 앉는다. "어머니!" 하고 불러도 대답이 없다. 어머니는 귀가 어둡기도 하지만 문을 등지고 있어 인기척을 느끼지 못한다. 휠체어에 앉아 있는 등이 전보다 더 휘어졌다. 육남매를 업고 사느라고 내달렸던 따뜻하고 넓은 등은 사라지고 새우처럼 굽은 등이 나를 쳐다보고 있다. 무람없이 밖을 보고 있는 뒷모습이 자식을 기다리는 모양새다.
　어릴 적, 먼 산등성이를 감고 있던 저녁 이내가 가라앉기 시작하면 동네 공터에서 같이 놀던 아이들은 집으로 들어갔다.

어머니는 장이 파해도 물건을 다 팔지 못하면 돌아오지 않았다. 나와 동생들은 툇마루에 나란히 앉아 어머니를 기다렸다. 해가 지고 어둑발이 내리면 울고 싶었다. 우리는 아무도 방안으로 들어가려 하지 않았다. 빛을 송두리째 삼켜버리고 어머니 대신 버티고 앉아 있는 방안의 어둑서니가 무서워서였다.

막내가 울음을 터트렸다. 다른 동생들도 삐죽삐죽하며 울기 직전이었다. 나도 동생들처럼 울고 싶었지만 울 수가 없었다.

"언니야, 엄마는 언제 와?"

"이제 곧 오실기다."

"배고프다."

그러나 줄 게 없었다. 배고프기는 나도 마찬가지였다.

동생들 우는 소리에 옆집 할머니가 나왔다.

"야들아! 울어대는 꼴이 초상집 같구나, 운다고 어미가 돌아올 기가? 물건을 다 팔아야 돌아오지. 이 애물단지들은 에미 애간장이 숯검정이 되는 줄도 모르고 울음통만 내지르고 있으니 이게 무슨 일이고?"

할머니는 치맛자락을 뒤집어 우는 동생의 눈물 콧물을 닦아 주었다. 방으로 들어가서 불도 켜주었다. 버티고 있던 어둠이 사라지자 우리는 방으로 들어갔다. 낮 동안 비어 있던 방은 서늘한 기운이 감돌았고, 할머니가 켜준 엷은 불로 차츰 따뜻해져 오는 것 같았다. 할머니는 어머니가 돌아오는 길로 끼니를 끓일 수 있도록 부엌에 나가 불을 지피고 물솥을 올려놓고 갔다.

다시 우리끼리 남아서 어머니가 오기만을 기다렸다. '어머니는 어디쯤 오고 있을까?' 그때서야 동생의 양 볼에 흘러내린 두 줄기의 눈물 자국이 보였다. 마른버짐이 부옇게 핀 동생의 얼굴에 두려움이 깔려 있었다. 씻지도 않은 동생들은 잠이 들었고, 어머니의 발자국 소리를 기다리다 나도 모르게 눈이 감겼다.

잠결 속에서 문득 귀에 가느다란 울음소리를 들었다. 윗목에서 등을 돌린 채 지나가는 바람 소리 사이로 간간이 흘러나오는 흐느낌이었다. 희미한 불빛 속에서 어머니의 어깨가 키질하듯 흔들렸다. 집에 와 굶고 자는 아이들을 보며 울타리가 되어주지 못하는 남편을 대신해서 자식을 데리고 살아가는 날들이 신산했을 것이다. 어머니를 저토록 울게 만드는 서러움의 정체를 그때는 헤아리지 못했다. 그냥 어머니가 돌아왔다는 안도감에 다시 스르르 눈을 감았다.

어머니의 등을 바라보는 내내 가슴이 아려왔다. 어머니는 자신은 춥고 배고플망정 자식만은 굶기지 않고 춥지 않게 키우려고 억척으로 지난한 삶을 살았다. 남의 집일, 밭일, 산나물 채

취, 장사 등 안 해 본 일이 없었다. 손바닥과 발바닥은 늘 갈라져서 하얀 반창고가 훈장처럼 붙어 있었다. 분칠한 얼굴은 자식들을 결혼시킬 때 말고는 본 적이 없었다.

과거 우리가 어머니의 모습을 되새김질하면서 초조한 마음으로 돌아올 시간을 점치고 있듯이, 오늘은 어머니가 피붙이의 출현을 처연하게 기다리고 있다. 겨울 허수아비처럼 할 일을 잃어버린 어머니의 등을 보니 가슴이 뭉클하고 눈앞이 흐려진다.

나는 초등학교 때부터 밥하고 빨래를 했다. 동생들도 돌봐야 했다. 육남매의 맏이라는 등이 비 맞은 옷을 입은 것처럼 늘 무거웠다. 어머니는 그런 나에게 무거운 짐을 지워 준 것 같아 미안하다고 등을 토닥거리며 쓰다듬어 주셨다. 언젠가는 등이 가벼워지고 밝은 날이 있지 않겠느냐고 했다.

이제 어머니는 병원에 계신다. 어머니한테 연락을 하지 않고 병원에 갈 때가 많다. 예고 없이 가면 다른 어머니들처럼 반가움에 두 팔을 허공에 내저으며 호들갑 떠는 기색을 보여주면 좋겠는데 그런 일은 한 번도 없었다. 검은 구름을 몰고 다니던 아버지도 저녁노을 따라가셨는데, 환하게 웃으면 얼마나 좋을까. 어둠은 햇볕을 쬐면 사라지고 상처는 시간이 지나면 아문다. 하지만 어머니의 마음 고통은 쉽사리 낫질 않는다.

병문안을 가면 늘 하는 말, "그 먼 길을 왜 왔느냐?"고 한다. 보고 싶어 왔다고 하면 "네 고생만 시키고, 죽지도 않는 산송장처럼 사는 에미가 뭐가 그렇게 보고 싶냐?"고 마음에 없는 소리를 한다. 어머니의 등은 외롭다는 신호를 보내는데 나는 그것을 누구나 겪는 생로병사의 한 과정이라고 생각한다. 소바리 같은 짐에 눌렸던 등이 얼마나 무거웠을까? 자식을 낳고 키워 보내도 어머니 마음을 다 알 수 없다.

어머니의 등에 짊어진 가시 같았던 세월은 마태수난곡이다. 아니, 어머니의 등은 고난 속에서 꽃 피운 우주다. 사랑의 고갱이다. 나는 가만히 다가가서 어머니의 등을 안는다.

스물다섯 살의 경험

 81년 2월 5일은 음력으로 닭의 해가 시작하는 첫날이었다. 전날부터 설 준비를 했다. 풍선처럼 둥근 배를 안고 하루 종일 전을 부쳤다. 설날 아침에 청소를 하고, 차례 준비를 마치고 나니 친척들이 줄줄이 들어오기 시작했다. 시아버지가 팔남매 맏이고 시할머님까지 계셔서 모인 식구가 삼십여 분이었다.
 세배를 마치고 차례를 지내고 나니 몸이 이상했다. 살짝 배가 아픈 것 같기도 하고 괜찮은 것 같기도 하고 종잡을 수가 없었다. 밥을 먹고 설거지를 하는데 자꾸 배가 아파 오기 시작했다. 예정일은 아직 보름이나 남았는데……. 남편을 찾으니 사촌 동생들과 이야기를 하느라 눈길도 주지 않았다.

할 수 없어 시어머님께 말씀을 드렸다. 친척들은 가지 않았고, 아직 오지 않은 시고모부님과 고모님들이 세배를 오니까 어머님도 난감해 하셨다. 첫 손자인데 전혀 반가운 기색이 없었다. 아기가 나오려나 보다고 하면서 첫애라 금방 안 나온다고 남편과 나를 내가 사는 울산으로 가라고 했다. 지금 같으면 집 앞에 있는 산부인과로 갔겠지만 그때는 시어머님 말씀이 법인지라 시외버스 터미널로 가려고 나섰다.

무서워서 터미널로 가기 전, 친정에 전화를 했다. 친정어머니도 차례 지내고 한숨 돌리고 있다가 시외버스 터미널까지 한달음에 오셨다. 어머니가 오셔서 그런지 진통이 참을 만했다. 그런데 웬걸? 그래, 그럼 어디 한번 진통의 맛을 제대로 느끼게 해 주겠다라는 듯이 진통이 다시 왔다. 맨정신으로 이런 고통을 당하다니, 차 안이라 소리를 지를 수도 없고 등받이를 붙잡고 죽을힘을 다해 참았다. 그 와중에 나는 아이한테 빌었다. 제발 차 안에서만은 나오지 말라고.

죽지 않을 만큼의 고문이었다. 허리, 꼬리뼈, 엉덩이, 배가 사정없이 뒤틀렸다. 몸의 신경세포들이 창끝을 뾰족하게 갈아서 나를 찌르고 있었다. 그러다가 다음 진통을 충분히 준비하라는 듯이 거짓말처럼 말끔하게 통증이 멎었다. 아프고 쉬어주기를 여러 차례, 도무지 통증이라는 게 중간단계가 없었다. 금방 죽을 것같이 아팠는데 언제 그랬냐는 듯이 편해졌다. 잠시 진통이 멎은 그 시간조차 뒤에 몰려올 진통을 걱정하는데 써버렸다. 점점 진통의 간격은 잦아지고 통증은 갈수록 심해졌다. 이 정도면 아이가 빨리 나오라고 힘을 준다는데 나는 나오지 말라고 용을 썼다.

다행히 차에서는 아이가 나오지 않았다. 차에서 내렸을 때는 양수가 터지고 땀으로 온몸이 엉망진창이 되었다. 어떻게 병원까지 갔는지 기억도 없다. 병원에는 나처럼 오늘 같은 날 아이를 낳는 산모가 몇 명 있었다. 분만실에 들어가 기다리고 있는데 어머니가 혼잣말처럼 하는 말을 들었다.

"정월 초하룻날 딸을 낳으면 안 되는데, 딸이 나오면 팔자가 사나운데…."

이게 무슨 황당한 소리인지, 근거 없는 말인 줄 알면서도 방금 들은 그 말이 귓전에서 맴돌았다. 지독한 진통을 겪으면서 두 번째로 빌었다. 제발 뭐 하나만은 꼭 달고 나오라고. 내가 이 세상에서 처음 해본 간절한 기도였다.

어머니는 육남매 맏이인 아버지한테 시집을 와 내리 딸만 다섯을 낳았다. 뒤늦게 아들 둘을 두었지만 할머니로부터 가문의 대를 끊는다고 구박을 많이 받았다. 육남매 맏이에게 시집 보낸 딸이 당신을 닮을까 봐 마음을 졸였으리라.

 아들이었다. 곡절을 겪으며 아이를 낳았는데 아이는 잠이 없었다. 바깥세상이 마음에 안 드는지 밤낮을 가리지 않고 울어 댔다. 재워서 눕히면 금방 깨어 울고, 내 몸에서 떨어지면 울었다. 누워서 잠을 자고 싶지만 자지 않고 우는 아이로 인해 안거나 업고 밤을 새우기가 일쑤였다. 몸은 지쳐갔다. 그때는 실컷 자봤으면 하는 게 소원이었다. 엄마라는 산은 너무 높아서 인내심을 시험하고 넘기가 만만찮았다. 그래서 여자는 결혼해서 아이를 낳아봐야 부모 마음을 알고 철이 든다고 했으리라.

 스물다섯 살 엄마가 아이에게 인생의 틀을 만들어주는 것은 벅찼다. 부족한 나를 엄마라고 선택해서 세상의 모든 것을 나로 채우는 아이 앞에서 무너져 내릴 수는 없었다. 내가 아이를 키우기는 했지만 아기가 나를 성장시켰다. 서로가 단단해지도록 보듬고 토닥이고 어우르며 아기는 커갔고, 나는 엄마가 되어 갔다.

 사십 년이 지난 지금, 친손자 두 명, 외손자 두 명, 네 명의 손자를 가진 할머니가 되었다. 활발한 손자들을 보면 앙증맞은 손녀가 하나쯤은 있었으면 하는 생각도 가끔 한다. 지금은 딸, 아들 구별이 없고 오히려 딸을 더 선호하는 세상이 되었다.

 고만고만한 손자들을 보면서 나이 듦이 쓸쓸하지 않음을 느낀다. 손자들이 커가는 것을 보면 내가 자식을 낳고 키우던 때가 돌아봐진다. 생각해보니 힘은 들었지만 아이를 기르는 일이 나를 성숙하게 하고 품위있게 만드는 일이었다. 그렇게 스물다섯에 띠동갑 아들의 엄마가 되는 경험을 했다.

새로운 길

 산해진미가 가득 차려진 이바지상을 받은 아버지는 보고만 있었다. 시아버님이 따라 주는 술도 입에만 조금 댈 뿐이었다. 드시는 둥 마는 둥 권하는 술만 드시면서 부족한 딸 잘 부탁드린다는 말만 되풀이했다. 딸을 시집에 데려다 주면서 저런 말만 하시는 아버지를 보며 속이 상했다
 딸을 두고 가는 섭섭함과 아쉬움을 떨쳐버리기가 어려웠을까? 아버지는 붉어진 얼굴로 일어나 돌아서며 눈물을 훔쳤다.
"그동안 고생 많이 했다. 시어른한테 잘하고 남편 내조하며 잘 살아라."

긴 다리로 휘적휘적 걸어가는 아버지의 뒷모습이 힘이 없어 보였다.

나는 남편과 선을 봤다. 시고모님이 이웃에 살았는데 친정 장조카를 소개시켜 준 것이다. 결혼에 관심이 없던 나는 어머니가 약속을 잡아 놓아서 마지못해 나갔다. 두 사람은 어색해서 아무 말도 하지 않고 고개만 숙이고 앉아 있었다.

남편의 첫인상은 마음속에 상상하던 배우자가 아니었다. 체격이 왜소했고, 인물도 별로였다. 고모님이 다 말을 해서 그런지 나에게 묻는 말이 없었고, 자기소개도 없었다. 결혼할 생각이 없이 나간 상태였고, 아무리 생각해도 이 사람은 아닌 것 같아서 서로 연락하지 말자고 당부를 하고 헤어졌다.

하지만 뒷날부터 고모님은 아침저녁으로 찾아왔다. 출근 전에도 오고, 밤늦게도 오고 끈질기게 와서 어머니를 설득시켰다. 만났을 때는 아무 말을 안 하더니 집에 가서는 내가 마음에 들었다고 말을 했단다. 아들 말을 들은 시어머님이 궁합을 보고 혼사를 성사 시키자고 고모님을 보냈던 것이다.

아무튼 나는 결혼할 생각이 없으니 오지 말라고 했다. 한 열흘 고모님도 오지 않고 조용히 지나갔다. 이대로 정리가 되는가 보다 하고 나의 일상도 안정을 찾아가고 있었다. 하지만 그건 나 혼자만의 생각이었다.

남편이 집으로 찾아왔다. 처음 만났을 때는 점퍼 차림이었는데 말쑥한 양복 차림이었다.

"처음 봤을 때부터 함께 하고 싶었습니다. 그동안 생각 많이 했습니다. 저와 같이 새로운 길 한번 가보십시다. 제가 많이 도와주겠습니다."

울산에 직장이 있어 자주 집에 못 오는데 퇴근하고 일부러 왔다고 했다. 내가 결혼을 안 한다고 하니까 부모님이 아들을 불러 내렸다고 했다. 숫기 없는 아들을 식구들이 교육을 시키고, 넥타이를 매어주고 양복을 입히고 구두까지 닦아 신겨 보냈다고 했다.

머리가 복잡해졌다. 어머니의 고달픈 삶을 보면서 '결혼은 하지 말자'로 생각을 굳히고 있던 터였다. 경제력 없는 아버지를 만나 자식들 먹이고 입히고 교육시키는 것이 버겁고 힘든 어머니를 보면서 결혼을 부정적으로 생각했다. 그무렵 나와 바로 밑 동생만 졸업해 돈을 벌고 있었다. 나머지 네 명의 동생들은 초등학교부터 대학까지 다니고 있었다. 내가 결혼하면 어머니가 더 고생을 하는 것은 불 보듯 뻔한 일이었다.

어머니가 시고모님의 설득에 넘어갔는지 나를 설득했다.

"시부모님이 자상하단다. 우리 집 형편 다 아니까 결혼해라. 예단도 안 해도 되고 그냥 너만 오라고 한다. 결혼하고 살아 보

면 엄마가 하는 말이 무슨 말인지 알 거야. 그 집 아들이 맏이
긴 해도 품성이 성실하고 착하단다. 별사람 없어. 언제고 할 결
혼, 좋은 자리 있을 때 해."

"아니, 언제고 할 결혼이라니? 난 생각이 없는데 엄마 얼굴
보고 만나러 나간 거야. 좋은 자리인지 안 좋은 자리인지는 살
아 봐야 알지. 그 사람, 자기 생각이 없는 사람이야. 부모님이
하자는 대로 하는 사람이라고!"

싫다고 해도 노는 날만 되면 남편은 집으로 찾아왔다. 도끼
에 찍혀 안 넘어 가는 나무가 있던가? 동생들 보기도 부끄럽고
해서 만난 지 한 달 만에 상견례를 했다. 상견례를 끝내자마자
시집에서는 초고속으로 날을 잡고 결혼 준비를 서둘렀다. 아버
지 어머니한테서 뻗어 나온 나는 그렇게 해서 순흥 안 씨 맏며
느리로 새로운 나뭇가지가 되었다.

며느리로서 겪는 일들은 낯설고 당황스럽고 난감했다. 시부
모님 두 분이 팔남매 맏이여서 동생들에게는 부모였다. 큰일을
한 번 치르면 친척들이 백여 분 가까이 왔다. 시가 친척인지 외
가 친척인지 분간이 가지 않아 헷갈리는 순간이 잊을 만하면
생겼다. 남편과 나이가 비슷한 막내 시삼촌, 남편보다 나이가
적은 시이모님은 아이를 같이 낳아 키웠다. 시숙모님은 숙모님
이라기보다 손위 동서처럼 지내고 어려울 때마다 도와주었다.

살면서 좋은 일, 힘든 일, 가슴 저민 일들이 번갈아 지나갔다. 사십여 년을 산 지금은 "맞아, 그랬었지." 하며 남편하고 웃으며 푸념을 늘어놓는 여유도 생겼다. 살아 내느라 가슴 속에 넣어 두었던 경험들이 내 인생에 소중한 자산이 되었다. 둘이 하나가 되어 살아가는 과정에서 서로 부딪치고 깎이며 모난 부분이 둥글어졌다. 둥글어졌다는 것은 그만큼 나의 삶이 잘 굴러왔고 앞으로도 잘 굴러갈 것이리라.

팔십 년 오 월 십일 일, 결혼이라는 새로운 길을 열어 여기까지 걸어 왔다. 이십 대에 만난 우리 부부는 서로를 바라보며 또 다른 새로운 길을 찾아가는 마음으로 살고 있다.

남천나무, 내 친구

　우리 집 마당에는 여러 그루의 나무가 모여 산다. 그중 새들이 먹다 떨어뜨린 씨앗에서 싹이 터서 자라고 있는 남천나무가 있다. 나무를 보면서 봄부터 겨울까지 감성 부자가 되는 복을 누린다.

　나무를 보고 있노라면 나무의 삶이 얼마나 치열하고 열정적인지 알게 된다. 봄이면 메말랐던 가지 끝에서 하루가 다르게 붉은 빛이 비친다. 연연히 돋아난 잎은 참새 부리만 한 크기에서 열흘 정도 지나면 손가락 크기로 자란다. 자라면서 나뭇잎은 초록색으로 변해 간다. 가녀린 가지 끝까지 빠뜨리지 않고 수분과 영양소를 보내서 잎이 자라게 하는 나무의 자태는 아기를 안고 젖을 물린 어미 모습과 다르지 않다.

여름이면 잎은 그늘을 만든다. 나무 그늘은 나무가 봄부터 끊임없이 생존경쟁을 한 결과다. 활기차게 성장해 가는 모습을 보면 삶의 활력을 얻는다. 나무가 노란 꽃을 피우면 벌이 쉴 새 없이 자기 집처럼 들락거린다.

가을에 나무가 붉은 열매를 달면 새들의 천국이 된다. 해마다 겨울이면 새들의 잔치가 열린다. 나무는 기꺼이 새들에게 자리를 내어주고, 밥을 주고, 새들의 수다를 들어준다. 참새, 까치, 황조롱이 등이 재재거리며 왔다 갔다 하는 모습은 활력을 가져다 준다. 작년에는 직박구리가 집을 지어 새끼를 낳아서 키워나갔다.

사십여 년 전, 신혼살림을 차렸다. 시어머님이 방을 얻어주면서 전세금을 갚으라고 했다. 나는 그 돈을 갚아나가면서 힘들어도 좋았다. 적금을 찾고 대출을 내어 집을 넓혀갔다.

나무가 꽃을 피우고 열매를 맺으면 새가 찾아오듯이 내 집이 생기니 식구가 늘었다. 시이모가 이사 가는데 아이가 금방 전학이 안 된다고 했다. 맡길 곳이 없다고 부탁을 해서 사촌 시동생 둘을 몇 달 데리고 있었다. 사촌 시동생이 가고 나니 시동생이 취직이 되어 우리 집으로 왔다.

시간이 갈수록 시어른 병원비, 아이들 교육비는 늘어만 가는데 남편 혼자 벌어 감당하기에 부족했다. 거기다 아이엠에프가 터지고 회사는 구조조정을 했다. 남편은 구조조정 대상에서는 빠졌지만, 월급은 동결이 되어 내가 집에서 살림만 할 수가 없게 되었다.

남편 짐을 조금이라도 덜어 주고 싶어 정보지를 보고 찾아간 곳이 학습지 회사였다. 배달, 영업, 교재 정리, 수금 등, 여러 가지 일이 많았다. 일주일에 한 번, 방문 수업도 해야 했다. 그중에 어려운 일은 매월 말일까지 삼백여 집에서 학습지 대금을 수금하는 일이었다.

몸도 말이 아니었다. 차를 살 형편이 되지 않아 하루종일 한 동네 전체를 걸어다니다 보니 저녁에는 발이 떨어지지 않았다. 무거운 학습지를 들고 다녀 어깨, 팔도 아팠다. 집에 오면 녹초가 되었다. 몇 달을 하다가 도저히 다리가 아파 견딜 수가 없어 작은 오토바이를 샀다. 그 오토바이로 십 년을 넘게 달렸다. 그 사이 아이들은 사회의 일원이 되었고, 가정 경제는 점차 나아졌다.

마음이 답답하고 삶이 노곤할 때 뜰로 나가 나무를 바라본다. 나뭇잎 사이로 흐르는 햇살을 쳐다보면 바람에 흔들리는 나뭇가지가 내 어깨를 쓰다듬고 어루만진다. 이럴 때 나무는 지난날 내 행적에 좁쌀만 한 선행이 있어 누군가 떨쳐준 보은의 씨가 아닌가 하는 생각이 든다.

마음을 다스리는 방법은 사람마다 다르다. 술꾼은 술로, 글 쓰는 사람은 글로, 누군가는 음악과 그림, 운동으로 달랜다. 나는 식물을 키우고 나무를 바라보며 마음을 달랜다. 나무에게 하고 싶은 말이 많다. 나무는 무슨 말을 하려는지 안다는 듯이 수십 번도 넘게 들었을 하소연을 들어준다. "너도 나처럼 홀로서기를 했구나." 하며 나무에게 칭찬을 건넨다.

나무는 깜짝 놀라며 아니라고, 이 세상에는 어떤 생이고 홀로서기란 없다고 말하는 듯하다. '새가 씨앗을 떨어뜨려 주지 않았으면, 흙이 뿌리를 감싸주지 않았으면, 구름이 비를 내려주지 않았으면, 해가 따뜻하게 온기를 보내 주지 않았으면 지금처럼 자라지 못했을 거야.'라고 하면서 빨간 열매를 보여준다.

강산이 두 번이나 바뀌도록 함께한 나무다. 나무에게서 배우면서 살고 있다. 내 삶의 무거움은 보다 나은 집에서 살겠다는 생각과 욕심 때문이라고 고백한다. 바람이 불면 나무는 흔들리지만 땅속 깊이 뻗은 뿌리는 거센 바람에도 끄떡없다. 설령 부러졌다 해도 밑둥과 뿌리가 있는 한, 강한 생명력으로 다시 일어선다.

한 치 앞을 예측할 수 없는 삶이 불안할 때도 있지만 남천나무처럼 부드럽고 강건하게 살고 싶다. 절친한 친구는 서로 닮는다고 했다. 지금 우리는 서로 닮아가는 중이다. 겨우내 가지를 떠나지 않고 있던 새들에게 열매를 내어주고도 저렇게 많은 꽃눈을 달고 있는 남천나무, 따뜻해지면 꽃잎이 삐져나와 노란 꽃사슬을 달 것이다.

글쓰기가 주는 행복

　아침 저녁으로 바람이 선선하다. 책 읽고 글쓰기에 좋은 계절이다. 나는 밤늦은 시간이나 조용한 새벽에 책을 읽고 글을 쓴다. 책장 넘기는 소리, 컴퓨터 자판 두드리는 소리가 어둠에 싸인 고요를 깨뜨린다.
　글쓰기는 인생을 바꾼다. 마음을 치유하고 자기 분수를 지키고 만족하는 삶을 가능하게 한다. 복잡한 세상에서 부딪치는 마음의 상처를 어루만지고 메마른 감정을 기름지게 하고 하루의 일과를 반성할 수 있다. 글을 쓰는 순간만은 혼자 생각하게 되고 자신을 돌아보게 된다.

건축가가 좋은 설계도로 기초를 다지고, 그 위에 뼈대를 세우고, 지붕을 올리듯이 사유의 끈을 붙잡고 문장을 만들어 간다. 문장은 또 다른 문장을 부르고, 한 문장이 나오면 다음 문장은 저절로 나올 때도 있다. 이럴 때는 글쓰기에 몰입한 상태이고, 잘 써질 때이다.

글이 항상 잘 써지는 것은 아니다. 한 줄을 써 놓고 다음 문장이 생각나지 않아 글을 쓰는 시간보다 멍하니 앉아 있는 시간이 더 길 때도 있다. 글이 처음 마음먹은 대로 써지면 얼마나 좋겠는가. 나중에 쓴 글을 읽어보면 생각했던 것과는 전혀 다른 내용이 쓰여 있는 경우도 있다.

다음 글이 이어지지 않아 막막하면 책상 위에 온갖 책들을 쌓아 놓고 읽는다. 복숭아를 한 입 베어 물면 입안으로 흘러내리는 달달한 과즙처럼, 책을 읽는다는 것은 단지 활자를 보는 것이 아니다. 그 속에 담긴 인간의 마음과 세상의 풍경을 경험하는 일이다.

소설 속에서는 나보다 더 힘들게 인생을 살아가는 주인공이 있고, 철학책 속에서는 심각한 문제를 화두로 짊어지고 씨름하는 철학자가 있다. 수필집 속에는 다양한 삶을 살아가는 모습이 나의 스승이고, 시집은 내가 살아가는데 오아시스다. 책을 읽으며 마음에 보석 같은 문장을 아로새기는 기쁨, 누가 가르쳐 주지 않아도 내가 나서서 숨겨진 진실을 찾는 기쁨, 이런 행복은 누구도 **빼앗아** 갈 수 없는 나만의 행복이다.

　책을 읽고 무엇을 쓴다는 일은 우리의 인생살이를 반영하고 삶과 통하고 삶을 변화시킨다. 인간과 인간, 인간과 자연, 우주와의 소통에 촉각을 두고 은유의 신비로움에 빠지고 문자의 신성함과 아득함에 흔들린다. 삶을 바로 알고 이해하려면 소통과 성찰이 그 무엇보다 우선이기 때문이다.

　나는 자연 속에서 에너지를 얻는다. 자연 속에는 무진장한 언어의 빛이 있고, 비유의 원천이 깃들어 있기 때문이다. 자연에서 언어의 비유를 얻는다면 글을 쓸 때 끙끙거림이 조금은 덜해진다. 상상력을 발휘하고 발견의 눈을 가진다는 것은 자연을 모방하고 천착하는데서 시작된다고 믿는다.

　목적 없는 삶은 존재하지 않는다. 주로 시와 수필을 쓰는데 겸허한 마음을 가지고 쓴다. 무엇을 쓸까보다 어떻게 쓸까에 더 매달리는 편이지만 녹록치 않다. 글이 안 써질 때는 침묵할 때도 있지만 내가 생각하는 무언가를 말하고 표현하면서 내 삶의 활력을 얻는다.

　문학은 내가 사는 희로애락 속에 쉬지 않고 흘러가는 강물처럼 존재한다. 누구나 살면서 상처가 있고 시린 등이 있다. 그 상처에 약이 되고 시린 등이 따뜻하게 기댈 수 있는 위안의 글을 쓰고 싶다. 잘 쓴 글보다 좋은 글을 써서 외로운 사람, 아픈 사람에게 위로를 주고 싶다.

　나뭇잎이 옷을 갈아입고 땅으로 돌아가는 낙엽을 보면 쓸쓸하고 외로운 마음도 들지만 글을 보고 쓰다 보면 열심히 살아야겠다는 용기가 생긴다. 얼굴은 가을 하늘만큼 맑아지고 입가에는 웃음꽃이 핀다. 창가 귀뚜라미 우는 소리를 들으며 책을 읽고 미숙한 글을 쓴다. 누군가가 나에게 전해주는 행복보다 내 힘으로 싹을 틔우고 키워나가는 이 행복이 좋다.

인문학을 공부하면서

 방송통신대학 마지막 시험을 쳤다. 시험을 치고 난 후는 항상 아쉬움이 남는다. 좀 더 열심히 할 걸 하는 후회를 한다. 어쨌든 나의 목표인 4년만의 졸업을 향해 열심히 했다. 국문학과 국어학을 선택해 많은 것을 배웠고, 철학, 역사학 등 다양한 교양과목을 공부하며 살아가는 지혜를 뒤늦게 알았다.
 공부한 과정 중에서 제일 먼저 난관에 부딪친 것은 '컴퓨터의 이해' 과목이었다. 그냥 기초적인 지식과 인터넷을 할 정도 수준인 나로서는 하드웨어, 소프트웨어, 마이크로프로세스를 공부하고 이해하는 게 힘들었다. 원격 대학 교육이라 컴퓨터의 기초는 알아야 한다고 정해 놓은 것 같았다. 지금은 그 과목이 빠졌다. '인간과 심리'라는 과목은 정신과 의사가 하는 공부 같았다. 제일 점수가 낮은 과목이다.

다음은 과제물과 출석 시험이었다. 과제물은 제목이 주어지면 자료를 찾고 형식을 갖춰 논술이나 서술을 해야 하고 분량은 A4용지 5, 6장 정도였다. 출석 시험은 토요일, 일요일 출석해서 하루 종일 수업을 받는다. 수업을 받고 나면 시험문제를 한 문제에서 두 문제 정도 주는데 주관식으로 A4용지 4장 정도의 서술을 해야 한다. 외우고 이해하는 게 만만치 않았지만 스터디를 하면서 열심히 했다.

공부를 하면서 새로운 것을 알아갈 때는 희열을 느꼈다. 요즘 아이들처럼 공부를 해서 취직할 것도 아닌데 낮에는 집안일 바깥일 때문에 책을 볼 여유가 없어 밤에 공부를 했다. 모든 게 어려웠지만 재미가 있었다.

공부하면서 지식을 쌓기보다는 지혜를 찾으려고 노력했다. 인간이 참으로 행복할 수 있느냐 없느냐는 현실에서의 실패나 성공, 부에 있지 않고 모자라는 데서 행복을 찾고 자유를 찾는다는 것을 성인들의 사상과 철학을 통해 알게 되었다. 살아오면서 내 나름대로는 인간답게 살려고 노력하며 살았는데 나의 삶이 많이 부족하다는 생각이 들었다.

시, 소설, 수필, 희곡, 구비문학, 고전시가, 국어학개론, 국문학 개론, 국문학의 이해, 언어와 생활의 전공과목과 그 외 교양과목 등 48과목을 공부했다. 그 중 어학이 어려웠고, 까다로운 교수님의 과목은 공부를 깊이 있게 하지 않으면 점수가 나빴다. 성적이 낮은 과목이나 과락이 난 과목은 방학 때 계절 시험을 쳐서 만회해야 한다.

4학년이 되면 시험과 무관하게 논문을 써야 된다. 논문을 A4용지 15장 정도로 써서 합격을 받아야 졸업이 된다. 논문을 안 쓰려면 한자1급 자격증, 한국 교원자격증, 국어능력인증 시험 등 자격증을 취득하든지 학교에서 주관하는 문예지에 당선이 되면 면제가 된다. 다행히 나는 과락이 없고 성적이 나쁜 것도 없어서 성적 세탁하는 일은 없었다. 논문은 학교에서 주관하는 문예지에 수필이 당선되어 면제 되었다.

오래 전에 자식을 바꾸겠다고 회초리를 들었던 내가, 바뀌어야 될 사람이 나 자신임을 알았다. 돈, 명예, 성공 다 갖추어도 단 하나, 사람이 빠지면 아무 소용이 없다. 우리는 사람들 안에서 행복하기 때문이다.

나이를 먹어 가면서 목소리만 높아지고, 욕심은 많아지지 않았는지를 생각해 봤다. 가장 인간다운 삶은 무엇인지 고민하게 되었다. 내 방식의 잣대로 상대를 해석하거나 대하지는 않았나

하는 생각과, 상대의 입장에서 세상이 어떻게 보일지도 생각해 봤다. 겸손한 마음으로 항상 감사하고 삶을 둘러보면서 더 나은 삶을 만들어 가도록 노력했다.

인문학을 공부하면서 공부란 쉬운 길을 가고자 하는 것이 아니라 노력을 통해 삶의 지혜를 길어 올리는 일이라는 것을 알았다. 고민을 하고 생각을 거듭해서 어려운 문제를 해결해 나가는 것이야말로 인생을 제대로 사는 것이라 할 것이다.

인생은 변화가 많아 예측이 어렵지만 필연의 연속이다. 뜻을 세우고 최선을 다해야 보람을 찾는다. 사람이 배우지 않으면 나무에 가지나 잎이 없는 것을 찾는 것과 같다. 이제 또 다른 가지나 잎을 피우기 위해 다시 새로운 공부를 시작해 본다.

내 인생의 열매는 익었을까?

맑은 가을 아침이다. 창문을 여니 상쾌한 공기가 몸에 부딪쳐 온다. 햇살이 방안 가득히 쏟아져 들어와 앉는다. 화단에는 채송화, 봉선화, 맨드라미가 밤새 잘 잤는지 환한 얼굴이다. 괭이밥, 여뀌, 달개비도 작은 꽃밭에 주인인 양 군데군데 얼굴을 내밀고 있다. 노란 소국은 잠을 깨우려고 꽃눈을 비빈다. 작은 꽃밭이 마치 사람이 살고 있는 세상과 같다.

시간이 모여 하루를 만들고, 하루가 모여 달을 만들고, 일 년을 만든다. 일 년, 일 년이 모여 내가 살아 온 삶을 만들었다. 내 인생에 몸이 가장 편안하고, 마음이 여유로운 가을이다.

어린 시절, 아버지를 대신해서 어머니가 경제를 책임져야 했다. 맏이인 나는 동생들을 돌봐야 했다. 초등학교 선생님이 꿈이었는데 공부를 할 형편이 되지 않아 꿈을 이루지 못했다. 경제적으로 어려워 결혼을 생각할 여유가 없었는데 나이가 차면 시집을 가기 힘들다고 어머니가 등을 떠밀어서 얼떨결에 결혼을 했다.

결혼이 의미하는 것이 무엇인지도 모르고, 가서 시키는 대로 잘하면 되지 않겠나 하는 철없는 생각을 안고 어른이 되었다. 시할머니를 비롯하여 많은 식구가 사는 집으로 시집을 갔다. 아픈 만큼 성숙한다는 말을 공감하며 시집 생활을 시작했다. 누구도 강요하지 않았지만 잘 해내고 싶었다.

갈라터지는 시간을 이겨내고 흔들리는 뿌리를 꾹꾹 눌러 앉혔다. 그것을 가치 있는 것으로 여겼기에 내 소리를 낼 줄 몰랐다. 한 톨의 씨앗을 뿌리고 지난한 여름을 지나 풍성한 열매로 맺어지기까지 숱하게 흔들릴 때마다 자신을 다독였다. 그렇게 주어진 시간에 순응하다 보니 열매를 맺는 가을에 와 있다. '뿌린 대로 거둔다.'는 정직함을 믿고 살아왔는데 지금 잡초만 무성한 건 아닌지, 쭉정이만 남은 것은 아닌지 여러 가지 생각이 든다.

누구에게나 평등하게 주어진 삶이라는 씨앗을 어떻게 심고 가꾸었는가에 따라 중년, 노년의 인생이 달라진다. 경제적으로 풍부한 열매인가, 건강하게 맺은 열매인가, 학문적인 결실을 맺은 열매인가, 예술로 승화시킨 열매인가, 속이 썩어 비어 있는 열매는 아닌가? 인생에는 정답이 없기에 이 열매가 다 달다고는 할 수 없으리라.

우리는 어려서는 마음대로 할 수 있는 어른이 빨리 되고 싶었고, 나이 들어서는 지나간 젊은 시절을 그리워한다. 인생의 가을에 와 보니 부러워할 일도 그리워할 일도 아니다. 싹을 틔우는 유년의 봄, 꽃을 피우며 열심히 산 청년의 여름, 열매를 맺기 위한 중년의 가을, 마무리를 하고 가는 노년의 겨울, 소중하지 않은 시간이 없다. 젊으면 젊어서 좋고, 늙으면 늙어서 좋다고 생각한다. 현재 가을인 나 자신이 좋다.

세상은 외적인 아름다움을 두고 열광하고 찬사를 보내지만 변하지 않는 내적 질서에 마음을 두고 싶다. 빠른 변화 속에서 많은 질서가 무너져도 지켜지는 진리가 있고, 세상을 움직이는 힘이 있다. 꽃밭의 생명들과 오손도손 살아가는 건강함과 사랑하는 마음이 내가 좋아하는 것이다.

우리는 순간을 살고 있다. 한 번 지나간 순간은 영원히 다시 오지 않는다. 삶의 모든 순간을 아름답게 살고 싶다. 인생의 봄, 여름을 치열하게 싸워 봤다면 가을부터는 물질로는 풍요하면서도 마음은 황폐해 가는 삶이 아닌 인정을 나누며 살고 싶다. 나를 사랑하고 가족을 사랑하는 것을 넘어서 소통이 필요한 사람에게 사랑을 주고 싶다. 내가 내는 소리가 빛과 향이 되어 여러 사람에게 도움이 되었으면 좋겠다.

벼는 익으면 익을수록 고개를 숙인다고 했다. 나의 열매도 잘 익어서 고개가 숙여졌으면 좋겠다. 그러면 내 인생의 열매도 보람과 행복으로 가득 채워질 테니까.

인생은 기나긴 여행입니다. 매일 새롭게 펼쳐지는 날은 어제와 닮은 듯 닮지 않습니다.
또한 생각지도 않은 일들과 마주치게 합니다. 이럴 때 꽃은 많은 것을 가르쳐 줍니다.

제2부

꽃을 읽다

- 꽃을 읽다
- 잊으면 지는 거니께
- 균형
- 2달러
- 돈 돈 돈
- 천만 원이 나에게 주어진다면
- 행복한 하루
- 산다는 건

꽃을 읽다

   온 마당이 꽃입니다. 채송화, 맨드라미, 봉숭아들이 아우성치듯이 피어납니다. 나는 보던 책을 던지고 꽃속으로 들어갑니다.
   나무와 풀들이 저마다 고운 색의 옷을 입고 서로 봐 달라고 향기를 뿜어냅니다. 앙증맞은 야생화와 겨우내 거실에서 통통하게 살찐 다육이들이 만나 반갑다고 수런거립니다. 먼저 온 바람이 꽃잎을 만지며 인사를 합니다. 서둘러 나온 마음을 옆에 내려놓고 형형색색으로 단장된 꽃들을 봅니다. 달이 가고 계절이 바뀌어도 변하지 않는 것이 꽃입니다. 오랜 친구처럼 만나면 저절로 미소가 지어지고 반갑습니다.

사랑과 정성을 주면 예쁜 빛깔과 향기로 은혜를 갚는 꽃입니다. 죽었다고 생각했는데 흙에서 고개를 들고나오는 싹을 보면 얼마나 경이로운지 모릅니다. 모양과 색깔은 무엇과도 비교할 수 없을 정도로 곱고 화려합니다. 과학이 발달하고 컴퓨터로 못하는 게 없지만, 자연신이 만든 꽃은 어느 디자이너나 화가의 그림도 따라가지 못할 만큼 독창적입니다.

꽃은 피어날 때를 알고 져야 할 때를 제대로 지킵니다. 운명을 거스르지 않고 자연에 순응합니다. 부귀영화라는 자리가 잠깐이라는 것도 압니다. 권력과 부에 집착하지 않고 시들어 사라지는 것에 연연하지 않습니다.

하지만 사람들은 그렇지 못합니다. 가지면 더 가지려 하고, 잡으면 손이 아파도 놓지 않습니다. 영원히 죽지 않을 것처럼 자신만을 고집하며 탐욕을 가집니다. 한낱 꽃과 나무만도 못한 것이 사람입니다.

꽃을 보면 마음이 편안해집니다. 살면서 받은 상처와 아픔들을 치유받습니다. 삶의 고단함도 어느 순간 꽃처럼 피울 수 있으리라는 희망을 가져봅니다. 꽃을 보는 순간 선해지고 시냇물처럼 맑아지게 됩니다. 잠시 꽃을 바라보면서 삶에 찌든 나 자신을 정화시키고 반성을 합니다. 식물을 좋아하는 나는 이렇게 꽃을 가까이 두고 각박한 현실을 위로 받을 수 있다는 것이 얼마나 다행인지 모릅니다.

꽃을 보다 보면 꽃이 필 때에 맞추어 시회를 열고 벗들과 만나 풍류를 즐겼던 다산 정약용의 죽란시사가 부러워집니다. 즐길 줄 안다는 것은 말처럼 간단하지 않습니다. 풍류를 제대로 즐기기 위해서는 자연과 인생과 예술이 삼위일체가 되어야만 비로소 가능한 일입니다. 다산은 동트기 전에 '톡' 하고 피어나는 연꽃 소리가 아름답다고 했습니다. 거중기를 고안한 실학자가 이런 섬세한 정서가 있었던 것은 꽃을 사랑하고 모임을 만들어 글을 쓰고 음악을 즐겼기 때문입니다. 그러면서 행복한 세상을 꿈꾸었을 것입니다.

추운 겨울, 봄이 올 것 같지 않았는데 자연은 어김없이 때가 되면 오는 것을 보니 신기합니다. 사람들은 봄에 꽃피고 가을에 열매 맺는 것을 당연한 이치라 생각합니다. 이 당연한 이치 이면에는 치열한 과정과 고통이 따르는데 말입니다. 폭풍우와 폭염, 추위 등을 이겨낸 피나는 노력의 결과입니다.

우리 인생도 가만히 들여다보면 식물의 주기를 닮아 있습니다. 식물처럼 눈에 확연히 보이지 않을 뿐, 우리가 하는 일도 싹이 피듯 시작하고 꽃과 무성한 잎을 달고 거두고, 겨울을 만나 다 잃기도 합니다. 추운 겨울을 견디고 봄이면 새로 시작하는 것이 인간이 전생 후생을 만들어 다음 생을 기약하는 것과 같습니다.

　식물들이 변해가는 모습을 바라보며 내 삶의 모습도 생각해 봅니다. 한 송이 꽃을 피우기 위해 저 풀과 나무처럼 매 순간마다 최선을 다한 적이 있었던가 돌아봅니다. 살다 보면 폭풍우처럼 흔들리는 삶으로 올바름을 잃었을 때도 있었고, 낮은 곳으로 흐르는 강물처럼 겸손한 마음을 갖지 않았을 때도 있었습니다. 내가 가진 것이 보잘것 없고 아무 의미도 없는데 집착을 하고 편견을 가졌었지요. 이 모든 것이 나를 병들게 하는 줄도 몰랐습니다.

　꽃은 세상에 나와서 짧은 생을 살다 갑니다. 기쁨이 되고 슬픔이 되어 준 꽃, 사람처럼 만나면 반드시 헤어짐이 있듯이 꽃도 마찬가지 입니다. 며칠만에 생과 사를 치르며 말없이 떨어지는 모습, 떨어져도 아름답습니다. 나는 이런 식물들의 삶처럼 꽃을 피우고 푸른 신록을 지나 열매를 맺는 가을을 지나가고 있습니다. 남은 생, 마지막 통과의례인 아름다운 나목이 되기 위해 열심히 살아갑니다.

　인생은 기나긴 여행입니다. 매일 새롭게 펼쳐지는 날은 어제와 닮은 듯 닮지 않습니다. 또한 생각지도 않은 일들과 마주치게 합니다. 이럴 때 꽃은 많은 것을 가르쳐 줍니다. 저 혼자 척

박한 땅에서 피는 꽃을 보면 도전을 생각합니다. 죽어가는 꽃을 보며 반성하고 사랑하는 마음을 배웁니다. 달팽이가 기어 다니고, 비가 오면 지렁이가 나오는 화단이지만 나에게는 큰 가르침을 줍니다.

하늘 아래 살면서도 허리 펴고 하늘을 바라보는 여유 없이 사는 사람에게 꽃은 자연이 보내준 선물입니다. 어제 맺혀있던 메리골드 꽃봉오리가 활짝 피고, 손자가 학교에서 기르다 못 키워 가져온 페페가 밤사이 기력을 회복합니다. 흙냄새를 맡고 식구 같은 꽃을 보면서 새로운 에너지를 충전합니다.

잊으면 지는 거니께

영화 '아이 캔 스피크'를 봤다. 주인공은 팔천여 건의 민원 실적을 자랑하며 구청을 매일 같이 드나드는 블랙리스트 1호이자, 오지랖 넓은 도깨비 할머니 '옥분'이다. 원칙과 절차를 고수하는 '민재'는 옥분 할머니와 어울릴 것 같지 않은 9급 공무원이다. 할머니는 허름한 재래시장 한 귀퉁이에서 옷수선집을 한다. 상극의 두 사람인데 할머니가 민재에게 영어를 배우면서 진실이 밝혀지는 이야기다.

영화의 초반에 적절한 복선이 깔려 있지만 위안부 문제가 수면으로 떠오르지 않는다. 두 주인공인 할머니와 민재의 정체성을 밝히는 데 주력한다. 무거운 소재를 지루하지 않게 중간중간 재미있는 코미디 요소를 가미하여 웃음으로 풀어낸다.

할머니가 민재에게 그동안 숨겨왔던 자신의 과거를 고백하는 장면은 눈물이 저절로 나오게 한다. 일본군 위안부였던 열세 살 당시의 사진을 육십여 년 만에 처음으로 꺼낸 할머니는 잊고 싶었지만 결코 잊을 수 없었던 그날의 이야기를 담담하게 말한다. "잊으면 지는 거니께." 단호하게 말하는 할머니의 모습은 아픈 역사의 산증인으로서 오랜 세월 동안 감당해야 했을 그녀의 고통을 짐작하게 하며 가슴을 아리게 만든다.

"죄송합니다." 민재가 할머니에게 말하는 한 마디, 일상속에서 가장 흔하게 사용되는 이 말이 큰 울림으로 다가온 것은 우리가 불편한 진실을 외면했기 때문이다. 눈물을 흘리며 할머니에게 죄송하다고 말하는 민재의 모습은 함께 보는 모든 관객들의 마음을 온전하게 대변한 것이다. 영화관이 울음바다가 되었다.

우리는 살아가면서 아픈 기억이나 상처받은 일은 떠올리지 않고 잊으려고 한다. 그 기억을 되살리면 힘이 든다. 하지만 위안부 문제는 잊을 수가 없다. 아니 잊으면 안 된다. 위안부라는 용어는 일본군이 2차 세계대전에서 자행한 성노예 행적을 감추기 위한 말이다.

전쟁이 끝나고 돌아왔어도 가족에게 버림받고 부모도 쉬쉬 하면서 감추었다. 영화에서 할머니는 어머니 묘소에서 자기를 대했던 방식에 서운함을 토해 낸다. "왜 나를 부끄럽게 생각했 냐고, 내가 자살하려고 했을 때 친구는 서로 의지하며 살자고 끝까지 지켜주고 위로를 했는데, 엄마보다는 친구 정심이가, 정심이보다 내가 중요하니까 살아 왔어." 하며 통곡을 한다.

내 눈에는 영화 속 할머니가 소녀로 보였다. 주름과 흰머리 가 내려 앉았지만 할머니가 아니다. 엄마 품에서 강제로 떼어 져 나왔을 열세 살 소녀다. 친구들과 이야기하고 까르르 웃으 며 지내야 할 할머니 어린 시절에 나는 태어나지도 않았지만 지켜주지 못한 무능한 나라에 화가 났고, 한없이 미안한 마음 이 들었다.

할머니들이 바라는 것은 진실한 사과 "잘못했습니다. 죄송합 니다." 이 한마디다. 일본은 사과를 해도 잊혀질까 말까 한 사 실에 아직까지 '잘못했다고, 죄송하다고' 하지 않는다. 부끄러 워할 사람은 가해자인데 가해자는 사과 한마디 없이 기세등등 하고, 힘없는 피해자는 숨겨야 하는 현실에 부아가 치민다. 하 지만 용기 있는 할머니들이 그들에게서 당했던 일을 털어놓았 다. 그들이 자행한 범죄를 시인하고 보상하라고 일본 정부와 싸웠다. 할머니들이 대중 앞에서 침략군에게 강간과 학대당한 과거의 상처를 드러내는 게 얼마나 어려웠겠는가.

대부분의 할머니들이 유명을 달리했다. 살아계시는 분도 나이가 많고 힘이 없다. 몇 안 되는 생존자가 그때 있었던 일을 증언하고 있다. 인간의 존엄성을 무너뜨리는 잔인함에도 쓰러지지 않고 존엄성을 지킨 강인한 할머니들에게 존경심이 든다. 위안부 할머니가 다 돌아가시고 한 분도 남아 있지 않아도 이 일은 잊어서는 안 된다.

영화의 마지막 장면과 명대사는 용기를 내어 세상에 진실을 밝히려는 할머니의 연설이다. 영화의 제목 "아이 캔 스피크"다. 미 의회에서 증언을 위해 입술이 바싹 마른 채 긴장하며 앉아 있는 할머니에게 의장은 "증언하시겠습니까?"라고 묻는다. 마음을 가다듬은 할머니가 "아이 캔 스피크" 하며 영어로 증언하는 장면에서 전율을 느낀다.

옥분 할머니가 위안부였다는 사실을 알리고 싶지 않았던 마음과 모든 걸 내려놓고 전 세계에 위안부였다는 사실을 알리기까지의 두려움과 집념의 양가감정을 표현했다. 또한 위안부라는 사실이 밝혀지면서 변화에 따른 울분, 청문회에서의 떨림과 분노, 13살 당시의 끔찍한 기억을 떠올리며 숨을 고르는 장면에선 옥분과 같은 공간에서 호흡하고 있는 것처럼 사실적으로 느껴졌다. 이는 할머니들이 과거의 일본군 위안부 피해자이지만, 현재를 살아가는 주체임을 선언하는 것이다. 당당한 할머니의 연설에 후련함과 카타르시스까지 느꼈다.

'아이 캔 스피크'는 아픈 역사를 다루는 모범 답안 같은 영화다. 관람객에게 전달하는 메시지가 정확한 작품이다. 진한 울림과 감동을 주는 묵직한 영화를 보고 가슴이 먹먹해졌다. 영화 속 메시지는 우리 역사에서 절대 잊으면 안 되는 위안부 문제 "잊으면 지는 거니께"이다.

위안부 문제는 우리나라의 모든 옥분과 그녀의 가족뿐만 아니라 우리나라 국민 모두의 이야기다. 개인의 비극이 아닌, 뼈 아픈 역사이자 함께 짊어지고 가야 할 영원한 숙제이다.

균형

"할머니, 차별하면 안 되죠? 형아는 크리스마스 때 장난감 사주고 나는 안 사주고…."

그 말에 대답할 말이 없다.

친손자가 와서 유치원에서 선행상을 받았다고 했다. 그냥 있기 뭐해 아들에게 돈을 주며 필요한 것을 사주라고 했다. 아들이 크리스마스 때 선물을 사주며 할머니가 사주었다고 했단다. 그 이야기를 고종사촌 동생에게 자랑을 했다.

"지홍아, 나는 크리스마스 선물로 할머니가 레고블럭 사줬어. 너는 뭐 사줬어?"

"나는 아무것도 안 사줬어."

이렇게 둘의 대화가 오고 갔다고 했다.

친손자는 대구에 살아서 한 달에 한두 번 보고 외손자는 한 동네 살기에 자주 본다. 별생각 없이 아들에게 돈을 주며 선물 사주라고 했는데 둘의 대화를 듣고 보니 좀 뜨끔했다. 8개월 차이로 태어나서 옷을 사도 쌍둥이 같이 같은 걸 사주고, 장남감도 마찬가지였다. 그런데 친손자만 크리스마스 선물을 사준 일로 되어 버렸다.

며칠이 지나고 그 일을 잊어버리고 있었는데 외손자가 와서 서운하다는 말을 했다. 미안한 기분이 들어 돌아오는 생일에는 뭐 사줄까 물어봤더니 내 말이 떨어지자마자 기다렸다는 듯이 "할머니 불 들어오는 지구본 사주세요." 했다.

알았다고 대답을 해놓고 지구본 값을 알아보니 꽤 비쌌다. 형에게 할머니가 지구본 사줬다고 자랑할까 봐 없으면 같이 사주려고 전화를 했더니 친손자는 지구본이 있다고 했다. 비슷하게 커가니 할머니 노릇도 쉽지 않다.

나는 시집을 와서 40년 넘게 살았다. 시아버지는 팔남매 맏이고, 남편은 육남매 맏이다. 일 년에 제사와 생신 등 행사가 많다. 어머님은 없는 집 맏이에 시집을 와서 쥐꼬리 같은 월급으로 시동생, 시누이 결혼시키고 살림 산다고 고생을 많이 하셨다. 더구나 시할머니가 시집살이를 호되게 시켰다고 했다. 내가 시집을 오니 시집살이 이야기가 무슨 보약인 양 재탕 삼탕 돌아가실 때까지 수십 탕은 우려서 들려주었다.

내용은 작은아들과 딸을 끼고돌며 맏이는 모든 것을 해결하고, 못사는 동생들 도와주라는 시할머니의 처사가 싫었다고 했다. 어머님도 마찬가지이다. 시집살이 해 본 사람이 시집살이를 두 배 세 배 살을 찌워 시킨다고 내가 살아본 시집살이는 할머님이나 어머님이나 피장파장이었다. 처음엔 같은 여자, 며느리로서 연민이 들어 눈물을 찍어가며 들었는데 나중에는 이야기가 나오면 짜증이 났다.

자식 일은 열 손가락 깨물어 안 아픈 손가락 없다고 하지만 두 분 하시는 것을 보면 아픈 손가락도 있고, 안 아픈 손가락도 있는 것 같았다. 시부모님이 편찮으시면 한밤중에 자다가도 전화를 받고 가야 했다. 자가용이 없던 시절, 울산에서 총알택시를 타고 부산까지 가면 그리 큰 병도 아닌데 응급실에 누워계셨다.

같은 도시에 작은아들, 딸들도 살고 있는데 툭하면 우리가 불려갔다. 가면 온갖 하소연을 들어야 했고, 눈물, 콧물을 닦아드려야 했다. 어머님이 병이 난 원인도 해결도 해야 했고, 병원비에 며칠 간병까지 하고 와야 했다. 우는 아이 젖 더 준다고 젖 더 준 자식은 옆에 두고 맏이라고 멀리 있는 자식을 불렀다. 다른 대소사는 경우 있게 처리하면서 자식 일만은 안 되는 것 같았다.

나는 부모님이 살아 계시든, 돌아가시고 안 계시든 퇴직이 없었다. 부모에게는 한결같이 효를 다하고 동생들에게는 반은 부모가 되어 우애를 보여야 했다. 궂은 일이나 좋은 일이나 받아들이고 아무 말 없이 처리해야 했다. 지차나 딸이 주는 용돈은 몇 날 며칠 자랑거리로 내 귀에 메아리로 돌아오지만 내가 돈 들이고 일하는 것은 당연한 일이었다.

부모님이 살아계실 때 하시던 말씀이 생각난다. "내 끼 니 끼고, 니 끼 내 끼다. 내 죽고 나면 전부 네 끼다." 그러니 부모 형제에게 필요할 때는 언제든지 맏이가 처리해야 된다는 것이다. 맏이라고 월급 더 주는 것도 아니고, 돌아가신 뒤에도 내 것이 된 것은 아무것도 없다. 아니 있다. 제사는 내가 책임지고 모셔야 한다.

기울거나 치우치지 않고 고른 상태에서 나타나는 균형이야말로 아름다움이다. 삶과도 닿아 있다. 형제간의 균형미는 우애이고, 부모 자식 사이의 균형미는 사랑이다. 내 것 찾겠다고 형제간에 다툼이나 하고 등을 돌린다면 상처만 남을 것이다. 희생하고 손해 보는 삶도 있어야 가정이 편하고 균형을 잃지 않는다.

  이제는 모두 돌아가셨다. 시할머니, 시어머니 같은 삶을 살지 않으려고 다짐을 했는데 잘 되지 않는다. 두 분이 하늘에서 내려다보며 "너도 살아보면 마음대로 안 될 끼다." 하실 것 같다. 외손자의 깜찍한 말로 두 분이 생각나는 하루다.

2달러

수필 수업을 마치고 쫑파티를 했다. 그동안 못다 나눈 정을 파전과 칼국수, 비빔밥을 먹으며 이야기꽃으로 피웠다. 식사를 마치고 후일담을 나누는데 L 선생이 미국에서 성공한 친구 이야기를 하면서 친구로 인해 등단하게 되었고, 글을 더 열심히 쓰게 되었다고 했다.

친구는 학벌도 대단하지 않았고 그저 평범한 분이었다. 미국으로 이민을 가 온갖 고생을 하며 노력을 해서 지금은 고용인이 백여 명인 사업체를 운영한다고 했다. 그 친구를 만났는데 친구가 악수한 손을 놓지 않고 자존심이 아닌 자존감을 가지고 글을 쓰라고 하면서 행운의 2달러를 선물로 주더라고 했다.

L 선생은 친구에게서 들은 자존심과 자존감, 플라시보 효과, 피그말리온 효과를 우리에게 전해주면서 문우들에게 2달러를 넣은 봉투를 한 장씩 선물로 주었다. '사랑하고 존경하는 문우님에게 자존감과 플라시보 효과와 피그말리온 효과로 좋은 작품 창작하시어 모두가 등단하시고 큰상 받으시길 바란다.'는 덕담도 함께 받았다.

미국 서부개척시절 노다지를 찾아 미지의 세계로 떠났던 사람들이 긴 여정에 대한 두려움과 외로움으로 혼자보다는 둘이 좋다고 하여 '2'라는 숫자를 좋아하게 되었다고 한다. 2달러는 화폐 단위에도 포함했지만 지불수단의 불편함을 느껴 사용하지 않게 되었다.

여배우 그레이스 켈리가 1960년 '상류사회'라는 영화에서 같이 출연했던 배우 프랑크시나트라로부터 2달러 지폐를 선물 받은 후 모나코 왕국의 왕비가 되어 2달러는 행운의 상징이 되었다. 신비의 상징이 된 흔하지 않은 지폐. 아마 L 선생의 친구가 행운을 주려고 2달러를 주었을 것이고, L 선생도 그런 뜻으로 우리에게 2달러를 주었을 것이다.

그날 나는 자존감을 가져야겠다는 생각이 들었다. 자존감은 스스로 자신을 존중하는 마음이다. 타인의 시선이나 평가에 민감하지 않고 그대로 자신의 삶을 사는 것이다. 자존감이 높은 사람이 진정한 소신과 철학을 갖고 있으며, 어느 누가 뭐라해도 자신의 삶을 스스로 최선을 다하며 살아가는 것이다. 공과 사가 분명하고 남에게 의탁해서 도움을 받으려는 마음을 갖지 않는다. 내가 좋아하는 것을 자존감을 가지고 즐기려 하니까 하고 싶은 일을 하며 살 수 있는 것이다.

우리는 아주 사소한 것에 목숨을 걸며 산다. 물론 타인에게 인정받고 사랑받고 존중받고 싶은 마음은 누구에게나 있다. 자신에 대한 기본적인 자존감이 형성되지 않으면 우리는 타인의 인정을 갈구한다. 자존심을 버리라는 말은 자기를 사랑하는 연습이고 자존감을 키우는 것이다. 우리의 삶은 결코 남을 위해서 사는 삶이 아니다. 타인과 즐기면서 소통하고 배려하는 마음으로 살아가는 것이다.

글을 읽고 쓰는 것은 내 마음속에 숨겨진 나를 찾고 진정한 나를 만나는 여행이다. 좋은 글을 써서 등단을 하면 좋겠지만 굳이 등단을 안 해도 누군가가 내 글을 읽고 공감하면 그것으로도 만족할 것이다. 그렇게 되려면 내 생각과 느낀 감정을 자존감을 가지고 한 자 한 자 정성을 들여 써야겠다는 생각이 들었다.

세상은 계속해서 변화하고 매일매일 다른 일이 생긴다. 살아

볼 만하고, 견뎌 볼 만하고, 고마운 일들이 연속적으로 일어나면 좋겠다. 살아오면서 많은 선물을 받아 봤지만 이렇게 값진 2달러는 잊지 못할 것 같다. 나의 이모작 인생에 플라시보 효과와 피그말리온 효과를 보태 자존감이 넘치는 글을 쓰며 살 것이다. 행운의 2달러를 들여다보며 행운을 기대한다.

돈 돈 돈

　돈박물관, 싱싱한 돈을 만들어내는 조폐공사 옆에 묵은 돈을 전시하는 박물관이 있다. 돈박물관은 돈의 가치를 액면가대로 묻고 따지는 곳은 아니다. 자본주의 사회에서 돈의 막강한 위력을 몸소 체험하며 살아가고 있는 소시민의 한 사람으로서 '어떤 돈이 값나가는 돈일까?'가 먼저 궁금해진다. 가치로 따지면 돈도 묵을수록 더 쳐주고 희소성을 갖고 있어야 값어치가 나간다고 한다.
　돈은 재산이나 재물을 가리키는 경제용어다. 사람들 사이를 돌고 돌아 '돈'이라는 풀이도 있으나, 화폐 단위에서 유래된 것으로 여겨진다. 돈이 없다면 물물교환으로 거래를 해야 하는데 문명사회에선 거래량이 크고 복잡하기 때문에 이런 방식으론 거래를 제대로 할 수가 없다. 자동차가 빠르고 편하게 이동하는 것이 목적이라면 돈은 인간관계의 편리함을 위해 만들어졌다고 볼 수 있다.

 돈을 싫어하는 사람은 없다. 나도 마찬가지이다. '누런 돈다발이 내 앞에 떨어지면 얼마나 좋겠나.' 하는 생각을 가끔 할 때도 있다. 누구나 돈에 대해 관심이 많고, 돈이 많은 사람을 부러워한다. 돈 앞에 고개를 숙이고, 돈을 위해서 목숨을 버리는 사람도 있다. 따라서 인류의 역사는 돈의 역사라 할 만큼 돈의 지배를 받으며 살고 있다.

 돈은 사람을 바꾸어 놓는다. 미인을 추녀로, 추녀를 미인으로 만들기도 한다. 남자도 마찬가지다. 초등학교도 못 나온 사람이 돈만 많으면 위대한 사람이 되고, 명문대학 나온 사람도 돈이 없으면 무능한 사람이 된다. 돈이 이 시대 최고의 마술사가 아닐 수 없다. 속된 말로 돈만 있으면 못할 것이 없는 세상이다.

 우리 사회는 가난한 사람은 끼니가 어려워 고민을 하지만 돈이 많은 사람은 너무 많아 고민을 한다. 생활이 어려운 노인은 하루종일 굽은 허리로 폐지를 줍기 위해 골목과 쓰레기장을 기웃거린다. 반면 재벌들은 재산을 어린 손자에게까지 증여를 한다. 평생 벌어도 벌지 못할 고액의 연봉을 받는 사람도 있다.

나 역시 육십여 년을 살아오면서 돈에 휘둘리고, 돈이 없어 고통을 받을 때가 많았다. 청소년 시절엔 돈이 없어 하고 싶은 공부를 못했고, 결혼해서는 집안 대소사와 양가 동생들 결혼식 치르느라 허리가 휠 지경이었다. 내 집 마련비, 아이들 교육비, 부모님 병원비 등 항상 돈에 구애를 받고 살았다.

사람은 누구나 부자로 살기를 원한다. 하지만 가난한 집에서 태어난 사람은 출발부터 가난하다. 다행히 몸이 건강하고 의지가 강한 사람이라면 역경을 헤치고 성공할 수 있지만 그렇지 못한 사람은 건강마저 잃고 나면 돈을 벌 수 없고 절망적일 수밖에 없다.

옛날 사람들은 돈은 개도 물어가지 않는다고 했다. 돈을 멀리하라는 소리다. 하지만 지금은 대통령도 돈을 벌기 위해 세계를 누비며, 자국의 물품을 수출하려고 영업을 하고 있지 않는가. 이처럼 돈은 막강한 위력을 가지고 있다.

돈은 가지면 가질수록 더 가지고 싶고 만족이란 게 없다. 천만 원이 있으면 이천만 원을 만들고 싶고, 일억을 가진 사람은 이억 가진 사람을 부러워하고, 구십구억 가진 사람이 백억을 채우기 위해 발을 구른다. 돈이 많은 부자들은 행복하다는 말을 하지 않는다. 경기가 풀리지 않아 죽을 지경이라고 엄살을 떤다. 서민들에게 약을 올리는 것 같아 화가 난다.

  돈은 사람의 이성을 잃게 하거나 천박한 행동을 하도록 만드는 재주를 가지고 있다. 길을 가다가 만 원짜리 지폐 한 장만 주워도 하루가 즐겁고, 가지고 있는 소소한 물건 하나만 잃어버려도 옆 사람을 의심하며 괴로워한다. 따라서 인간의 소유욕은 문명을 발전시키는 원동력은 되었지만 지나친 욕심 때문에 일생을 불행하게 살다 죽는 사람도 더러 있다.

  평생 김밥을 팔아서 모은 재산 전액을 지체장애인 시설에 기부했다는 김밥 할머니의 소식은 가슴을 뭉클하게 한다. 다른 어떤 사람보다 어렵게 살아오신 할머니가 한두 푼도 아닌 수억 원의 재산을 사회에 기부했다는 미담은 감동을 준다. 돈 있는 사람들이 돈을 어떻게 벌고, 어떻게 사용해야 하는지를 일깨워 주는 것이다. 그래서 버는 자랑 말고, 쓰는 자랑을 하라고 했나 보다.

  돈은 돌고 돈다. 있다가도 없고, 없다가도 있다. 살다 보면 돈이 많은 가정도 휘청거릴 때가 있고, 돈이 없는 가정이 일어날 때가 있다. 부자도 부도가 나면 하루아침에 거지가 되고, 로또에 당첨된 사람이 함부로 돈을 낭비하다가 더 불행하게 되는 경우도 있다.

돈도 눈이 있다고 했다. 사람들이 돈으로 인해 싸우고, 울고, 우울해 하는 모습을 볼 때마다 대체 돈이 뭔지 생각하게 된다. 아무 노력 없이 하루아침에 졸부가 되어 떵떵거리는 사람보다 김밥 할머니처럼 성실하게 벌어 나누고 사랑하는 사회가 되었으면 좋겠다. 가난하다고 해서 '돈 돈 돈' 하며 돈에 얽매이지 말고 '돈 돈 돈'이 따라오도록 성실하게 노력하면 행복하지 않을까.

천만 원이 나에게 주어진다면

　나에게 천만 원이 생긴다면 과연 무엇을 할 것인가? 천만 원이 있는 사람에게는 많은 돈이 아닐지 모르지만 대부분의 사람에게는 많은 돈이고, 나에게도 큰돈이다. 안 쓰고 몇 달, 아니 일 년을 넘게 벌어야 되는 돈일지도 모른다.

　육십여 년을 살아오면서 돈에 휘둘리고, 돈이 없어 고통을 받을 때가 많았다. 청소년 시절엔 돈이 없어 하고 싶은 공부를 못했고, 결혼해서는 집안 대소사와 양가 동생들 결혼식 치르느라 허리가 휠 지경이었다. 내 집 마련을 위한 대출비, 아이들 교육비, 부모님 병원비 등 항상 돈에 구애를 받고 살았다. 그때

천만 원이 생겼다면 요긴하게 쓰지 않았을까 싶다.

지금 나에게 천만 원이 주어진다면 어디에 어떻게 쓸까 생각을 해 본다. 불우이웃 돕기를 할까? 사고 싶은 물건을 살까? 집을 수리할까? 여행을 갈까? 신명나게 하고 싶은 것도 없고 별로 쓸데가 없다. 쓸 데가 없다면 다들 놀라겠지만 나는 일단 저금을 해놓고 싶다.

공돈이라도 요긴한데 쓰고 싶고 가치 있게 쓰고 싶다. 하루 종일 땀 흘려 오만 원을 벌었는데 덥다고 팥빙수 만 원짜리를 선뜻 사 먹을 수 있을까? 그렇지만 길 가다가 오만 원을 주웠다면 만 원짜리 팥빙수를 사 먹을 수도 있을 것이다. 번 돈이든 공돈이든 돈의 가치는 같은데 생각이 다른 것이다. 우연히 생긴 돈은 쉽게 써버리기 때문이다.

돈을 잘 쓰는 방법에는 원칙이라고 할 만한 게 없다. 어떤 경우에 얼마나 돈을 써야 하는지, 낭비가 되는 씀씀이가 되지 않을는지, 돈을 쓰고도 욕을 먹지는 않을는지, 제때 안 써 구두쇠 소릴 듣게 되지는 않을는지, 돈을 모으는 것보다 더 어려운 것이 돈을 잘 쓰는 일이다.

자식들이 주는 용돈이나 어쩌다 우연히 생기는 공돈은 보고 싶은 책이나 예쁜 화분을 사는 데 쓴다. 이런 작은 것도 내 돈으로 쓴 돈이 아니라 기분이 좋고 행복한데 천만 원이 생긴다면 행복하면서도 불안한 기분도 들 것 같다. 옛말에 노력하지 않은 재물이 들어오면 탈이 난다고 했다.

걱정 없는 사람, 고통 없는 사람이 없다고 했는데, 더러는 복에 겨워서, 더러는 정말로 가진 게 없어서 힘들어 한다. 진정한 행복이란 많이 가지고 많이 쓰는 것이 아니라 많이 나누고 많이 사랑하는 것이다.

굳이 천만 원을 쓰라고 하면 우선 고수레로 불우이웃 돕기에 먼저 쓸 것이고, 최고의 사치를 부려 유럽이나 남미 여행을 혼자 해 보고 싶다. 살아오면서 생각하지도 못한 돈이 들어오면 꼭 쓸 자리가 생기곤 했는데 천만 원이 나에게 생긴다면 또 쓸 자리가 나설지도 모를 일이다.

행복한 하루

　겨울이 가을을 밀어냅니다. 바람이 창문을 흔들고 거실 유리에 비치는 남천 나무가 춤을 춥니다. 찬 기운은 어깨를 움츠리게 하고 등을 타고 내려옵니다. 따뜻한 이불속을 파고들다 벌떡 일어나 나갑니다.
　마당에는 내가 좋아하는 식구가 많습니다. 봄에 새순이 돋고 꽃이 피어 희망과 기쁨을 준 나무들이 여러 가지 색깔들로 옷을 갈아입었습니다. 지금은 국화가 활짝 피어 마당을 독차지하고 있습니다. 여름에 제초제를 잘못 뿌려 죽었는 줄 알았는데 살아나서 마당을 환하게 해 줍니다. 허망하게 생을 접을 뻔했던 국화를 들여다봅니다. 저마다 얼굴 색깔을 달리하고, 모양은 같은 것 같으면서도 달라 신기합니다. 우리네 사람 모습과 하나도 다를 게 없습니다.

키순서대로 키우던 해바라기, 접시꽃, 봉숭아, 옥잠화, 채송화가 초가을까지 피어 깔깔 웃었는데 지금은 씨앗을 맺고 땅속으로 잠을 자러 들어갔습니다. 아직까지 직분을 다하지 않은 백일홍과 천일홍, 맨드라미가 찬 서리에 아랑곳하지 않고 버티며 생명력을 과시합니다.

이제 나의 가족들도 겨울 채비를 해야 합니다. 백여 개의 다육이를 들여 놓는 일입니다. 작고 앙증맞은 잎은 살이 오동통하게 올라 얼마나 예쁜지 모릅니다. 다육이의 매력은 잎사귀가 떨어지면 그 끝에서 처음 모양의 식물이 새끼를 치고 나오는 것에 있습니다. 살이 두껍기 때문에 물을 많이 줘도 안 되고, 추위에 금방 얼어 죽어 따뜻한 곳으로 이사를 합니다. 야생화들에게 겨울 잘 나고 내년 봄에 만나자며 인사를 하고 거실 창가로 들여놓습니다.

다음은 관엽식물 차례입니다. 여름 동안 묵묵히 키를 늘리고 잎을 키웠습니다. 햇볕을 좋아해서 비스듬히 기운 식물들이 있습니다. 볕이 드는 창가 쪽으로 잎사귀를 뻗치던 나무들의 방향을 반대쪽으로 돌려놓습니다. 한쪽으로만 기울고 풍성한 잎사귀를 달고 있는 나무들을 반듯하게 자라게 할 요량입니다. 한동안 적응하기 힘들 것 같다는 생각이 듭니다.

받은 것만큼 돌려주는 것이 자연의 섭리입니다. 인간만이 자기중심적이고 이중적인 마음을 가지고 있는데 식물은 정성을 주면 꽃을 피우고 열매를 맺고 따뜻한 마음을 줍니다. 마음이 불편하고 우울할 때 흙, 바람, 물, 햇볕, 식물들에게 내 속내를 털어내고 나면 편안함을 느낄 수 있습니다. 식물들과 있는 시간이 많으면 많을수록 내 마음도 행복해지고 평화로워집니다.

하루종일 큰 화분 작은 화분과 씨름하다 보니 허리가 아프고 발바닥이 묵직합니다. 화분이 있던 자리에 앉으니 국화 향내가 은은히 납니다. 작은 화단이지만 어느 쪽으로 고개를 돌려도 꽃이 피고 진 자리입니다. 동백나무는 벌써 콩만 한 꽃눈을 달고 있습니다. 호랑가시나무, 비파나무는 푸른 잎으로 겨울을 견디고 수국과 모란은 잎이 말라갑니다. 블루베리와 아사이베리는 붉은 옷을 벗고 있습니다.

누구에게나 젊은 시절이 있듯이 그때는 희망과 용기를 가지고 겁 없이 앞으로 나아갑니다. 노후를 보장받겠다는 확고한 믿음으로 젊음을 쏟습니다. 그 시절은 찬사의 박수가 무성한 숲을 이루었을지도 모릅니다. 지금의 나는 무성한 숲이 고운 잎을 달고 열매를 맺는 중년인데 고운 잎과 열매가 얼마나 달

릴지 모르겠습니다.

내 딴에는 열심히 산다고 살았는데 별로 해 놓은 것이 없습니다. 젊은 날은 부모님과 남편, 자식 핑계 삼아 나한테는 소홀히 했습니다. 햇빛, 달빛 같은 자연이 주는 고마움을 모르고 살았고, 그것을 느낄 여유도 없이 숨가쁘게 달려왔습니다. 자식들은 저마다 둥지를 틀고 살아가고 있고 남편도 내 손길을 그다지 바라지 않습니다. 앞으로의 시간은 나를 위해 쓸까 합니다.

생각을 접고 거실로 들어옵니다. 식물들이 이사를 와 서로 인사를 나눕니다. 다육이는 창가에서 줄기를 다양한 모양으로 뻗어 들어온 친구들을 내려다봅니다. 큰 얼굴의 고무나무, 행복을 줄 것 같은 해피트리, 흰색 주근깨를 덮어쓴 베고니아, 겨울에 눈처럼 꽃을 피우는 크라슐라와 긴기아나, 향기를 주는 자스민과 애플민트, 가시가 무섭지만 꽃이 예쁜 선인장 등 식물들이 따뜻한 곳으로 이사를 왔다고 소곤거립니다. 모두가 사랑스럽습니다.

올해 달력도 낙엽처럼 우수수 떨어지고 한 장만 남았습니다. 가끔 마음속에선 살아 온 날들이 먹구름처럼 몰려오지만, 비가 되고 거름이 되었다고 생각하면 서서히 맑아집니다. 뭐가 그리 좋은지 겨울을 같이 넘길 식물들이 나를 보고 웃습니다. 나도 미소로 답합니다. 행복한 하루가 지나갑니다.

산다는 건

올해의 마지막 달도 반이 지나갑니다. 무성하던 나뭇잎이 다 떨어지고 온 산을 불태우던 단풍의 빛과 산은 침잠의 시간으로 들어갑니다.

차가운 겨울 햇살만이 맑게 비칩니다. 아침마다 성에가 하얗게 끼는 유리창을 보면서 추운 겨울임을 실감합니다. 보름 후면 숫자 '1'이 더해지고 나이도 한 살 더 먹습니다. 얼마 남지 않은 한 해 앞에서 희망과 후회가 서로 이어집니다. 올해에 어떤 일이 일어났는가? 연초에 계획했던 일은 이루어졌는가? 잘 살았는가? 이런 일은 개인마다 다 다를 것입니다.

모든 일을 자기 뜻대로 성취하며 살아간다면 크나큰 복이고 행운입니다. 우리가 세운 일 년의 계획은 건강한 몸과 시간이 있고 특별한 일이 일어나지 않아야만 이룰 수 있기 때문입니다. 자신이 세운 계획을 성취하고 마무리할 수 있었다면 그것은 자신에게 충실했고, 주변에서 많은 도움을 받지 않았겠나 하는 생각이 듭니다.

자신의 계획을 이루려고 극단적인 이기주의로 가고, 다른 사람에게 피해를 주었다면 계획을 이루고도 만족을 얻거나 떳떳한 마음은 들지 않을 것입니다. 자기 발전을 위해 또는 주변의 행복에 기여하는 일은 본인 노력으로 올바르게 성취했을 때라야만 자신뿐만 아니라 주위 사람들도 기뻐해 줄 것입니다.

인간답게 살아간다는 것은 하루하루 생명을 부지하는 일이 아닙니다. 자신을 위해 또는 이웃을 위해 무엇인가 가치 있는 일을 하고 성취와 보람을 느끼면서 살아가는 삶이 인간다운 삶입니다. 인간은 누구라도 모든 날을 후회 없이 반듯하게 살아가긴 힘이 듭니다. 나를 돌아보면 때로는 무의미하게 보냈고, 부정의 감정을 가졌고, 이웃에게 혹은 가족에게 불평불만을 쏟아 냈던 시간도 있습니다.

똑같은 하루인데 누군가는 어제의 연장일 뿐이고, 또 다른 누군가에게는 하루의 시작입니다. 나이가 들수록 하루하루가 비슷하게 흘러갑니다. 일상에 큰 변화가 없습니다. 어제가 오늘이고 오늘이 내일입니다.

한 해가 다 가고 있는데 더듬어 보니 한 일이 별로 없습니다. 항상 먼저 다가가고 먼저 배려하고 이해하는 삶을 살고 싶었습니다. 주는 만큼 받아야 한다는 생각을 버리고 아낌없이 주는 나무처럼 살고 싶었는데 돌아보니 그렇게 살지 않은 것 같아 아쉬움이 많이 듭니다.

겨울과 연말은 삶의 가치를 고민하게 합니다. 나는 나무들을 잘 들여다보는데 어떤 녀석들은 잘 자라고 어떤 녀석들은 그렇지 못합니다. 응달에서는 더 많은 햇빛을 받으려고 키를 키우고, 양달에서는 씩씩하게 자랍니다. 인간의 삶도 나무의 모습처럼 환경과 조건에 맞춰 자기 특성대로 살아갑니다. 나무가 어떤 환경에서도 잘 이겨내며 자라듯 당당한 삶은 찬바람을 거뜬히 물리칠 수 있습니다.

나이는 거저먹는 것이 아닙니다. 인간 내면의 탐심을 벗어나 항상 배우는 자세로 살고 나이테에 지혜를 켜켜이 쌓아 삶에 깊이를 더하는 것이지요. 그러면서 부드러워지고 조금씩 조금씩 아름다운 은발이 되어 가는 것이 아닐까요?

나무는 가을이 되면 겨울 채비를 위해 옷을 갈아입고 수분을 말립니다. 종내에는 잎을 떨구고 나목이 됩니다. 봄에 새순으로 거듭나기 위해 잎을 썩여 거름으로 자양분을 만듭니다. 나무의 지혜를 통해 자연의 순리를 배우고 우주 만물의 변화와 이치를 배웁니다. 이처럼 우리가 살아가는 것은 자연에 순응하며 살아가는 것입니다.

    새로움은 기대와 설렘으로 시작되지만, 한 해를 마무리하는 시기엔 항상 부족함과 아쉬움이 많이 남습니다. 나 자신에게 여유와 너그러움, 긍정적인 생각을 가지고 세상을 즐기며 산다는 것이 가장 중요함을 저물어가는 이때 다시 느낍니다.

안개꽃처럼 작고 앙증맞은 꽃, 사랑초를 본다. 자주 넘어지고 쓰러져도 버리지 않고 보살피고, 식물이지만 아영이 엄마처럼 가까이 두고 따뜻한 눈길로 사랑을 주어야겠다. 아영이가 커서 예쁜 꽃을 피울 수 있도록.

제3부

사랑초

- 초승달이 된 햄버거
- 숨바꼭질
- 사랑초
- 품
- 손자의 일등
- 병아리
- 달고나 체험
- 손자에게 하듯이 내 자식을 키웠더라면
- 초등학생이 된 지훈이에게

초승달이 된 햄버거

도윤이 가방에서 먹던 햄버거가 나왔습니다. 내가 무슨 햄버거냐고 묻자 눈물을 글썽이며 할머니 드리려고 만들었는데 오면서 먹었다고 합니다.

도윤이는 초등학교에 다니는 손자인데 딸이 직장에 다녀 내가 아침, 저녁으로 돌봐줍니다. 올해 1학년인 도윤이는 학교 수업을 마치고 돌봄 교실에서 수업을 받고 옵니다. 돌봄 교실에서는 글짓기, 만들기, 그리기, 음악, 요리 등 다양한 수업을 합니다. 무슨 수업을 하든 결과물을 들고 오는데 오늘은 햄버거를 만들었나 봅니다.

도윤이가 집에 오면서 가방을 만져 보니 따뜻했고, 솔솔 풍겨오는 햄버거 냄새가 났습니다. 할머니는 햄버거를 먹어 보지 않은 것 같아 걸음을 재촉하는데 자꾸 햄버거가 먹고 싶어졌대요. 그래서 가방을 열고 빵 봉지를 뜯었습니다.

빵보다 침이 먼저 넘어갑니다. 한입 베어 무니 달콤했습니다. 자주 먹는데도 꿀맛이었습니다. 속에 들어 있는 야채가 흐트러져 조금만 더 먹고 갖다 드려야지 하면서 먹다 보니 반달이 되었습니다. 도윤이는 햄버거의 고소한 냄새가 좋기도 했지만 밉기도 했습니다.

할머니한테 내가 만들었다고 자랑을 하고, 맛도 보여 주려고 했는데 빵은 어느새 반달에서 초승달이 되었습니다. 다 먹지 왜 남겨 왔냐고 했더니 울먹거리며 조금 남은 거라도 먹어 보라고 합니다.

귀엽기도 하고 대견하기도 해서 꼭 안아 줬더니 엄마한테 말하지 말라고 합니다. 다음에 더 맛있는 거 만들면 먹지 말고 가져 오랬더니 그제야 얼굴이 환해집니다. 딸은 도윤이에게 학교에 갔다 오면 할아버지 할머니께 인사하고 그날 배운 것이나 만든 것을 보여 주라 했거든요.

할머니, 할아버지는 무서울 게 없는 도윤인데 엄마, 아빠는 무서워합니다. 폰을 보다가도 퇴근해 오는 차 소리만 나면 안

본 척 합니다. 아직은 엄마의 말이 법입니다.

키워줬다고, 커서 돈 벌면 나한테 백만 원을 주겠다고 오래 살라고 하는 아이, 축구를 좋아해서 유명한 축구 선수 이름을 꿰고 있고, 결손 가정이나 다문화 가정 아이를 데려와서 노는 도윤이를 보면 아이한테도 배울 점이 있습니다.

자라면서 언젠가는 내 보살핌에서 벗어나겠지요. 고소한 햄버거 냄새의 유혹을 이기지 못하고 초승달을 만들어 왔지만 도윤이가 지금처럼 따듯한 마음으로 배려하면서 좋아하고, 하고 싶은 거 하면서 자랐으면 하는 바람입니다.

숨바꼭질

　손자들이 거실에서 숨바꼭질을 한다. 한 녀석이 술래가 되고 셋은 각자 침대 밑, 커튼 속, 싱크대로 들어가면서 나에게 가르쳐 주지 말라고 입에 손가락을 댄다. 술래가 된 녀석이 이 방 저 방 찾으러 다닌다. 못 찾겠는지 나에게 어디 숨었는지 가르쳐 달라고 눈짓을 한다. 웃으며 그 모습을 보고 있는데 지난 어린 시절의 일이 생각난다.
　초겨울, 햇살이 내려다보는 오후였다. 학교 갔다 온 나와 용철이, 끝순이, 동수, 남호, 똑순이는 책가방을 휙 던져놓고 동구 밖 느티나무 아래에 모였다. 끝순이가 키우는 강아지도 꼬리를 흔들며 따라 나왔다.

다섯 친구들은 모두 개성이 있었다. 용철이는 아주 용감해서 무슨 일이든 저지르고 잘못을 하면 야단을 먼저 맞았다. 끝순이는 딸이 많은 집 막내딸인데 어리숙하고 착했다. 동수는 몸이 크고 힘은 셌지만 행동은 느렸다. 남호는 몸이 날쌔어 달리기를 잘하고, 똑순이 영이는 척척박사처럼 아는 게 많았다. 나는 서울에서 전학 왔다고 별명이 '서울내기 다마내기'였다.

벼를 다 벤 논은 볏단이 드문드문 놓여 있었고, 참새들은 논에 떨어진 벼를 주워 먹으며 놀았다. 일찍 나온 남호가 우리에게 빨리 오라고 손짓을 했다.

"우리 무슨 놀이 하고 놀까?"

옆에 있던 끝순이가 "숨바꼭질 하자." 고 말했다. 동수가 "이 넓은 데서 숨바꼭질을 하면 숨을 데가 없잖아." 라고 하니 똑순이가 "그럼 네가 술래 하면 되겠네." 하고 답했다. 가위 바위 보를 해서 똑순이 말처럼 동수가 술래가 되었다. 우리는 느린 동수가 술래 된 것이 좋다고 박수를 쳤다.

동수가 느티나무에 붙어 눈을 감고 숫자를 세는 동안 각자 봐둔 장소에 숨었다. 끝순이는 느티나무 옆에 있는 돌탑 뒤에 숨었고, 남호는 날쌔게 느티나무 위로 올라가서 나뭇가지에 몸을 숨겼다. 똑순이는 느티나무 그늘 아래 평상 밑으로 들어갔다. 나는 미처 숨지도 않았는데 제일 먼저 옷자락이 보여 잡혔다. 끝순이와 똑순이는 강아지가 왔다 갔다 하는 바람에 금방 들켰다. 남호는 바람이 나뭇가지를 흔들어 눈에 띄었다. 아무리 찾아도 용철이가 보이지 않았다. 우리가 합창으로 "용철아!" 불러도 대답이 없었다.

마지막 남은 해의 조각이 산을 넘어가고 어둠이 내리기 시작했다. 용철이 어머니의 부르는 소리가 들렸다.

"용철아, 해 빠졌다. 그만 놀고 밥 먹자."

우리는 그제야 걱정이 되었다. 용철이를 두고 집으로 갈 수도 없고 어쩔 줄 몰라 하고 있었다. 불러도 대답이 없자, 용철이 어머니가 나왔다. 끝순이가 울먹이며 용철이가 없어졌다고 말했다.

그때, 저 앞에 있는 볏단이 이상했다. 땅거미가 져서 어스름한데 볏단이 부스럭거리고 움직였다. 모두가 눈을 떼지 못하고 보고 있는데 까만 머리가 보였다. 뛰어가 보니 용철이었다. 동수가 물었다.

"용철아, 왜 불러도 안 나오노?"

"잤어."

용철이답게 대답이 간단했다.

"뭐라고? 얼마나 찾았는데."

"미안해, 그래서 내가 선물 줄게. 근데 선물이 한 개밖에 없어, 가위, 바위, 보해."

모두 의아해서 용철이를 쳐다보았다. 가위, 바위, 보를 했는데 내가 졌다. 용철이가 나를 보며 "이번에는 진 사람에게 선물을 줄 거야." 해서 나는 마음이 설렜다.

"에이, 그런 게 어디 있어?"

이긴 똑순이는 토라지고, 끝순이와 동수, 남호는 무슨 선물일까 하고 궁금해 했다. 용철이는 나에게 눈을 감으라고 했다. 내가 눈을 감자 바지 주머니에서 들쥐를 꺼내 손에 쥐어주었다.

"엄마야!"

나는 놀라서 울음을 터트렸다. 용철이는 그날 어머니에게 머리를 쥐어박히며 집으로 들어갔다.

용철이는 논에 모아 놓은 볏단 속으로 헤집고 들어가 숨었다. 따뜻한 볏단 속에서 깜빡 잠이 들어 버렸다. 작은 들쥐가 용철이의 가랑이 속에서 다리를 타고 놀았다. 용철이는 자다가 돌아다니는 쥐를 잡은 것이었다.

그때의 친구들, 반세기도 더 지났는데 지금은 어디서 무엇을 하고 지낼까? 아프지는 않는지, 모두 잘 살고 있는지 궁금하다. 전학 오느라 초등학교 3학년 이후로 한 번도 보지 못했는데 모두 할아버지 할머니가 되어 있겠지.

사랑초

 금낭화, 은방울꽃, 초롱꽃, 물망초, 옥잠화, 사랑초 등의 꽃은 꽃만큼 예쁜 이름을 가졌다. 그중에서도 특히 이름이 예쁜 꽃은 사랑초다.
 사랑초는 화려한 모양을 연상케 하는 이름이지만 실은 유난히 약한 식물이다. 잎은 이름처럼 하트 모양인데 가는 줄기 탓에 바람이 불고, 햇볕이 뜨거우면 누워버린다. 이런 사랑초가 고개를 들고 연분홍 꽃을 피워 댄다. 얼마나 반갑던지 물을 주고 이번에는 잘 보이고 늘 가까이할 수 있는 곳으로 자리를 옮겼다.

"그 화초 이름과 꽃말이 무엇인지 아세요?"

수시로 들여다보고 있으니까 밖에서 누군가 지나가며 사랑초를 가리키며 묻는다. 이름은 '사랑초'인데 꽃말은 모른다고 했더니 '나를 버리지 마세요.'가 사랑초의 꽃말이라고 가르쳐 주고 간다. '아, 이토록 가엽고, 애처로운 꽃말일 줄이야. 나약한 꽃말이구나.' 하는 생각이 들었다가 '아니야, 사랑초에게 정말 잘 어울리는구나.' 하고 감탄을 했다. 비로소 사랑초라는 이름표를 단 이유를 알겠다. 관심을 가지고 사랑을 줘야 꽃을 피우는 식물인 것 같았다.

사랑초의 꽃말을 알고 나니 이웃에 사는 아영이와 아영이 엄마가 떠오른다. 아영이 엄마는 낳은 엄마가 아니고 위탁모다. 아영이는 손자 도윤이와 같은 유치원에 다닌다. 낳은 엄마가 정신적 장애가 있어 키우지 못해 보육원에 맡겼던 아이다. 아영이를 위탁모가 데려와 딸처럼 키운다. 친자식은 아들만 둘인데 큰아들은 군대에 가 있고, 작은아들은 대학생이다. 아이들 다 키웠는데 남의 자식 키우기가 힘들지 않냐고 물으면 딸이 있어 행복하다고 한다.

가끔 친부모한테 갔다 오는데 자기를 데리러 오지 않을까 봐 위탁모 목에 매미처럼 달라붙어 떨어지지 않는다고 한다. 친엄마는 아이 넷을 낳았는데 아버지가 다 다르다고 한다. 자식을 데려가도 반가워하지 않는다고 한다.

  형제 넷 중 셋을 데려와 키웠는데 큰애는 키워 보육원으로 보내고, 아영이와 동생 준서를 키우고 있다. 어릴 때 데려와 먹이고, 목욕시키고, 키워 유치원과 학교를 보내고 청소년이 되면 보육원으로 돌려보낸다. 이런 일을 계속하다 보니 위탁모 손을 거쳐 나간 아이들이 십여 명은 된다.

  아이들이 밤에 잠을 잘 못 잔다고 한다. 그래서 매일 아이들을 데리고 잔다고 한다. 아영이도 큰아빠, 큰엄마 하면서 애교를 부리고 잘 따른다. 도윤이보다 한 살 많은데 언어가 서툴고 시력도 나쁘고 발육이 느리다. 일주일에 한 번, 아영이를 데리고 언어교정 하는 곳을 다니고 보약을 지어 먹이면서 큰소리 한 번 내지 않고 키운다.

  유치원 차에서 내리면 아영이는 도윤이와 손을 잡고 와서 놀다 간다. 나에게도 '할머니, 할머니' 하며 손녀처럼 귀엽게 군다. 먹을 것을 주면 먹지 않고 아빠, 엄마 것을 먼저 챙긴다. 아빠 엄마의 사랑을 아는 것 같아 대견하면서도 짠하다. 아영이 아빠가 퇴근하면 우리집을 거쳐 아영이를 데리고 간다.

  아영이 엄마는 하늘에서 내린 천사다. 내 자식 키우기도 힘든 세상에 부족한 가정에서 태어난 아이를 데려다 빗나가지 않게 교육하고 사랑으로 보살펴 주는 아영이 엄마를 보면 존경스럽다. 몸도 가냘픈데 그런 힘이 어디서 나오는지 모르겠다. 나보다 한참 어리지만 배울 게 많은 아영이 엄마다.

　우리는 사랑을 하지 않고는 살아갈 수가 없다. 남녀 간의 사랑, 부부 간의 사랑, 부모 자식 간의 사랑, 스승과 제자 사이의 사랑 등등, 사랑이 머물다 간 자리는 꽃이 피기도 하지만 장마에 패인 길처럼 상처투성이가 되기도 한다. 사랑이란 상대방에게 나만 봐 달라고 하고 내 방식대로 따르도록 고집하는 것이 아니다. 아영이 엄마처럼 어른이 먼저 걸어왔던 살얼음판 같은 길을 건널 때 조심하라고 일러 주고, 넘어진 아이에게 손을 내밀어 주는 일이다.

　안개꽃처럼 작고 앙증맞은 꽃, 사랑초를 본다. 자주 넘어지고 쓰러져도 버리지 않고 보살피며, 식물이지만 아영이 엄마처럼 가까이 두고 따뜻한 눈길로 사랑을 주어야겠다. 아영이가 커서 사랑초처럼 예쁜 꽃을 피울 수 있도록.

품

 대문을 여니 외손자가 쪼르르 뛰어와서 품에 안긴다. 제 엄마보고 들어오지 말고 가라고 "가, 가!" 한다. 딸은 어이가 없다며 눈을 흘기고 돌아선다. 어린이집이 방학이라 출근하면서 아이를 맡기고, 퇴근하면서 데리고 간다.
 점심에 마땅한 반찬이 없어 계란을 구워 김하고 식탁에 올려놓는다. 숟가락으로 밥을 뜨고 계란을 놓고 김을 싸주며 먹으라고 했더니 자기가 먹겠다고 도리질을 한다. 손가락을 끼우는 젓가락으로 계란을 집어 가면서 반은 입으로 들어가고, 반은 흘린다. 꼭 옛날 제 엄마 키울 때 같아 나도 모르게 미소가 지어진다.

밥을 먹는 게 귀여워 볼을 부비며 어제 가르쳐 준 것을 묻는다.

"도윤아, 누구 손자야?"

"한머니, 하버지 손자."

"도윤아, 누구 아들이야?"

"한머니, 하버지 아들."

"어째 할머니 할아버지 아들이고? 엄마 아빠 아들이지, 엄마 아빠 아들 해 봐."

"아니야, 한머니 하버지 손자."

머리는 파마를 해서 과자 '초코송이' 같다. 밥을 다 먹고 동화책을 읽어 주려고 "초코송이 강아지, 동화책 가지고 오세요." 하니까 "토코소이 아니야, 도윤이야요." 하면서 텔레비전 리모컨을 들고 온다.

책을 보자고 하니까 싫다고 한다. 다 그런 건 아니겠지만 맞벌이 부모의 경우에는 아이들이 일찍부터 TV를 즐겨 봐서 돌보기가 어렵다. 부모가 바쁘다 보니 집일을 할 시간을 내기 위해 아이에게 TV를 틀어준다. 호기심을 자극하는 프로가 많아서 아이들이 좋아하는 반면 걱정도 된다.

딸은 직장생활을 하면서 아이 키우기가 힘들단다. 동화책보다 TV나 스마트 폰을 보려고 해서 걱정을 한다. 그러면서 동화책을 읽어 주라고 하며 한 보따리 던져 놓고 간다. 동화 구연가가 되어 얼굴 표정을 바꾸고 손짓과 발짓을 섞어가며 책을 읽어 주면서 놀아준다. 네 살짜리 손자와 이마를 맞대고 마음을 나누고, 목적 없는 대화를 주고받으며 시간을 보낸다.

무슨 질문은 그리 많은지, 입을 열 때마다 '아이구 이쁜 것!' 소리가 저절로 나온다. 손자 바보가 되어 칠불출 할머니가 된다. 사랑스런 모습에 사는 일로 복잡했던 마음이 다 녹는다. 손자 재롱에 빠져 지내다 보니 덩달아 내 마음도 아이처럼 변한다. 활력을 더해주는 묘약이다.

그렇게 한나절을 놀더니 잠이 오는지 나한테 안긴다. 품에 안고 머리를 쓰다듬으며 토닥였더니 잠이 든다. 따뜻한 감각과 아이의 숨소리가 편안하고 좋다. 자리에 눕혔더니 두 팔을 머리 위로 올리고 나비잠을 잔다. 천진난만한 아이가 나비처럼 앙증맞게 자는 모습을 보니 시간이 더디 갔으면 좋겠다.

잠든 도윤이를 들여다보니 내가 자식을 키울 때가 생각난다. 첫 아이를 낳았을 때는 기쁨보다 놀라움과 두려움이 컸다. 작고 보드라운 아기를 잘 키울 수 있을까 하는 걱정부터 앞섰다. 아이는 울며 보채다가도 내 품에서만은 안심한 듯 그쳤다.

배가 고프면 누가 가르쳐 준 것도 아닌데 품으로 파고들었다. 지금은 곳곳에 수유실이 있어서 편리하다. 그때는 그런 장소가 없어서 젖을 먹이려면 어디서든지 가슴을 숨겨가며 먹여야 해서 젖만 떼면 좋겠다 싶었다. 흘려도 숟가락으로 밥을 퍼먹을 수 있었으면 좋겠다 싶다. 기저귀 떼고 제 발로 화장실에 가 용변을 보고 까치발로 세면대에서 손을 씻을 수 있었으면 좋겠다고 생각했었다. 아이 둘 목욕을 시키면서 욕실 가득 채워진 수증기에 땀인지 물인지 내 몸도 같이 젖어버려 흥건함에 녹초가 되어 버렸다.

이런 아이들이 혼자 이를 닦고 제 몸을 씻고 각자의 방으로 들어갈 때는 뿌듯하면서도 내 품을 벗어나는 것 같아 서글픈 감정이 들기도 했다. 고사리 같은 손으로 꼬물거리며 옷의 단추를 채우고 양말을 신을 때는 미처 생각하지 못했다. 그것이 나의 품을 떠나기 위해 시작하는 행동이란 걸. 그렇게 아이들은 내 품을 벗어나 제 세상을 향한 걸음을 한 발 한 발 옮겨 각자의 길로 가서 둥지를 틀었다.

세월이 빠르다. 무릎 위에 앉혀놓으면 까르르 소리를 내며 방긋방긋 웃던 딸아이였는데 어느새 아들 둘을 낳아 키우고 있다. 어릴 때는 빨리 커서 제 앞가림을 했으면 했는데 내 품을 벗어나 가문의 대를 잇고 손자를 한 번씩 맡긴다.

마음대로 되지 않는 것이 자식 농사라 했다. 내가 아이를 키울 때는 시어른 눈치가 보여 예뻐하지 못했다. 어릴 때 품지 못했던 자식의 품을 지금 손자에게 내어 주고 있지만 제 어미 품만 하랴. 딸은 품고 싶어도 워킹맘이라 품에 안을 수도 없다. 눈만 뜨면 어린이집으로 보내고 저녁에 만난다.

자식을 낳았다고 해서 다 부모는 아니다. 자식을 잘 길러내야 참다운 부모다. 그러기 위해서는 사랑스런 자식을 위해 따뜻한 품을 만들려고 노력하는 게 부모가 아닐까.

손자의 일등

도윤이가 유치원에서 오더니 일등을 했다고 자랑을 한다.
"도윤아, 뭘 일등 했는데?"
"할머니, 내가 엄마 뱃속에 일등으로 들어가서 나왔대요."
그게 무슨 말이냐고 물었더니 유치원에서 '생명의 신비'라는 비디오를 봤다고 한다. 성교육을 했는가 보다. 그러면서 엄마 몸속에는 난자라는 동그란 점이 있다고 했다. 공처럼 큰 줄 알았는데 사탕보다 작다고 했다. 아빠 몸속에서는 난자보다 더 작은 정자가 만들어지는데 올챙이처럼 생겼다고 했다. 꼬물꼬물 헤엄을 치더라고 본 것을 이야기했다.

엄마 몸속에서는 한 달에 한 번 난자가 생겨 정자를 기다리는데, 정자가 안 오면 죽고 정자를 만나면 아기가 된단다. 정자 수가 많아 꼬리를 흔들면서 일등으로 뛰어 들어가야 아기가 만들어진단다. 둘이 일 등을 하면 아기가 둘이 나온다고 하면서 쌍둥이란다. 유치원 친구들이 모두 달리기에 일등을 해서 태어난 거란다.

"할머니, 그런데 나는 왜 달리기를 못해요?"

엄마 뱃속에서는 일등 했는데 태권도에서 달리기 시합을 하면 일등을 하지 못한다고 속이 상한다고 한다. 나는 6살짜리한테 뭐라고 답을 해줘야 할지 망설여진다.

"도윤아, 엄마 뱃속에서는 정자가 난자를 만나 아기가 되려고 달리기 연습만 해서 그래. 하지만 밖에 나오면 할 일이 많잖아. 사람들은 뭐든 잘하는 게 있단다. 도윤이는 다른 친구들보다 뭘 잘하지?"

잠깐 생각하는 듯하더니 답을 한다.

"할머니, 나는 왼손으로 글을 써요. 밥도 왼손으로 먹을 수 있어요. 다른 친구들은 오른손으로 하는 데 나는 왼손으로 못 하는 게 없어요."

"그래, 맞다. 도윤이는 왼손으로 다 잘하지."

도윤이는 왼손잡이다. 무엇이든 왼손이 먼저 간다. 오른손으로 하라고 시켜 보지만 오른손으로는 하는 게 어설프다. 가위질, 색칠하기, 글쓰기, 밥먹기 모두 왼손이다. 제 딴에는 왼손으로 하는 게 잘하는 건 줄 알고 있다.

달리기에선 꼴찌를 하는 도윤이지만 화초에 물도 잘 주고, 죽은 곤충을 묻어주는 따듯한 마음이 있다. 내 생일엔 "할머니, 사랑해요. 고마워요. 공부 열심히 할게요. 할머니, 건강하세요." 하고 비뚤빼뚤 왼손으로 축하카드를 써서 준다. 지금은 돈이 없어 선물을 사 줄 수 없지만 나중에 돈을 벌면 나비 머리핀을 사주겠다고 한다.

아이들은 어른들의 이야기를 듣고, 어른의 행동을 보고 자란다. 요즘은 습득할 틈도 없이 발전하는 전자 기기가 대신하기도 하지만 할머니 할아버지의 사랑은 대신할 수 없다. 내 자식은 엄하게 키웠지만 손자한테는 한없이 너그러워진다. '도윤아, 달리기에서 일등 못해도 괜찮으니 건강하게만 자라라.' 나에게 아름다운 미소를 만들어 주는 손자가 있어서 행복하다.

병아리

　시골 식당입니다. 마당에는 노란 병아리가 삐악거리며 종종 걸음으로 어미를 따르고 있습니다. 손자들이 병아리 뒤를 쫓아다닙니다. 잡히지 않으려고 병아리의 움직임이 활발합니다. 병아리는 어미닭과 잠깐만 떨어져도 놀란 듯이 삐악삐악 울며 어미를 찾습니다.
　다섯 살 먹은 손자 녀석이 묻습니다.
　"할머니, 병아리 한 마리 집에 가져가면 안 돼요?"
　"도윤이가 엄마하고 떨어지면 보고 싶듯이 병아리도 엄마하고 헤어지면 얼마나 보고 싶겠니?"

"내가 엄마 해 줄게요."

"밥도 줘야 하고, 똥도 닦아줘야 하고, 아파트에서는 못 키워."

"그러면 할머니 집 마당에서 키워요."

"병아리가 엄마 찾으며 자꾸 울면 어떡하지?"

"그럼 한 번만 만져 보고 싶어요."

어미닭과 병아리는 말이 통하는지 어미닭이 '구구' 하면 병아리들은 일제히 어미 곁으로 졸졸졸 따라갑니다. 닭과 병아리는 잠시도 떨어지지 않고 함께 모여 있습니다. 한 폭의 그림 동화 같은 모습이 삼십여 년 전으로 돌아가게 합니다.

햇살이 하얗게 부서지는 정오 무렵, 학교 교문 앞에는 병아리 파는 장수가 있었습니다. '병아리 한 마리 200원', '모이 한 봉지에 100원'이라는 글귀를 박스에 붙이고 하교하는 아이들을 기다리고 있었지요. 종이 박스 안의 노란 병아리들을 보기 위해 아이들은 집에 가지 않고 주변에 모였습니다.

딸아이가 사서 두 손에 안고 온 작은 병아리는 눈도 뜨지 않고 삐악거리기만 했습니다. 살지 못하고 죽을 거를 왜 사왔냐고 잔소리를 하고 박스에다 신문지를 깐 다음 전구를 달고 물통과 모이를 담아 주었습니다. 병아리를 맞이하는 나와 아이들 손이 분주했습니다.

대부분의 병아리는 살아남지 못합니다. 노란 병아리가 태어나 며칠 살지 못하고 눈을 감는 것은 안타깝고 슬픕니다.

"귀엽다고 손으로 만지면 안 돼. 손 타서 죽어."

아이들은 병아리 옆에서 떠날 줄을 몰랐습니다. 병아리의 보들보들한 솜털과 노란 입술은 아이들이 가지고 놀고 싶은 충동을 느끼게 하고도 남았지요. 품에 안으면 따뜻한 온기와 작은 심장의 두근거림이 그대로 내 심장에 전달될 것 같았습니다. 애기똥풀 같던 병아리였습니다.

"삐악이 안녕, 삐악이 잘 잤어?"

아이들뿐만 아니라 나도 매일 병아리를 보느라 시간 가는 줄 몰랐습니다.

하지만 그런 날은 얼마 가지 못했습니다. 병아리가 힘없이 누워 있는 날들이 며칠 계속 되었습니다. 물 한 모금 마시지 않더니 긴 눈썹을 닫고는 다시는 눈을 뜨지 않았습니다. 아이들은 공터에 병아리를 묻으며 처음으로 마주하는 주검 앞에 눈물, 콧물이 범벅이 되어 울었고, 기억의 시간 속에 묻었습니다.

그 여름이 지나자 아이들은 쑥 자라있었습니다. 병아리의 죽음을 통해 생명의 소중함을 알게 되었거든요.

달고나 체험

　방학을 맞은 손자들과 장생포를 찾았다. 울산 12경 중에 하나인 장생포가 여러 콘텐츠를 꾸미고 있어 호기심을 자극한다. 그중 고래문화마을이 새 단장을 했다. 고래문화마을은 고래마을의 산실답게 입구부터 고래 형상으로 치장되어 있다. 관리사무소의 지붕을 비롯하여 안내하는 조형물들이 모두 고래 모양이다.
　손자들은 여기저기를 기웃거리며 만져보고 신기한 듯 모르는 것들을 물었다. 전당포가 뭐하는 곳이며, 곤로는 어디에 쓰는 물건이냐고 물었다. 달고나 만드는 곳에서는 눈이 반짝거렸다.

　아이들이 달고나를 만들어 보겠다고 설탕을 담은 국자를 받아 연탄불에 올렸다. 설탕이 녹으면 소다를 넣고 부풀려 스텐판에 부어 모양이 그려진 도구를 놓고 찍으면 된다. 쉽지 않았다. 설탕을 녹이고 소다를 넣는 양이 적당해야 하는데 마음대로 되지 않았다.

　녀석들의 성격이 여기서 다 드러났다. 성격 급한 큰손자는 국자를 들었다 놨다 했다. 설탕이 빨리 안 녹는다고 야단이다. 욕심 많은 둘째 녀석은 소다를 많이 넣어 색이 짙은 똥과자가 되었다. 결국은 하다가 못하겠다며 나보고 하란다. 나는 어린이가 되어 만들기에 나섰다. 달고나 만들기는 적절한 기다림과 적절한 조절이 필요하다. 설탕이 녹기를 기다려야 하고, 소다도 알맞게 넣어야 실패하지 않는다.

　특히 식기 전에 찍어야 한다. 녀석들이 하트, 세모, 고래, 달 모양을 들고 서 있다. 체험 삼아 찍어 보랬더니 큰애는 모양이 나오지 않고 들러붙었다. 둘째는 만지면 금방 부서질 것 같았다. 책상 위에 올려 이쑤시개로 침을 발라가며 모양을 파냈지만 깨졌다. 고래 모양을 만드려고 했던 녀석이 삐죽삐죽 울기 시작했다. 우는 아이를 달래 다시 한 판을 만들었다. 이번에는 고래가 예쁘게 찍혔는데 모양을 어떻게 파내야 할지, 정성을 다해 보라고 했는데 또 실패를 했다.

어릴 적, 학교 앞에 달고나 리어카가 있었다. 연탄불 앞에 일명 '뽑기' 아저씨가 앉아 있었고, 우리는 설탕을 녹여 소다를 넣고 달고나를 만드는 아저씨의 손놀림을 신기하게 바라봤다. 전혀 부서지지 않고 만들어내는 아저씨의 손이 요술을 부리는 것 같았다.

굳기 전에 뜨거운 달고나를 손에 들고 모양을 완성시키려고 집중했던 친구들의 모습을 재미있게 바라봤다. 망가진 달고나 한 조각을 얻어먹을 속셈도 있었다. 모양을 완성하면 한 번 더 할 수 있는 기회가 있어 젖 먹던 힘까지 보태 집중하다 실패하면 안타까워하던 모습, 달고나 조각 쟁탈전을 벌이던 친구들의 천진난만한 얼굴들이 손자들을 보니 되살아났다.

그 당시 달고나는 1단계는 달, 2단계는 나비, 3단계는 별 모양이었다. 갈수록 난이도가 높아졌다. 그에 따라 단계별로 상품 가지 수가 달라졌다. 리어카에는 놀이 장치가 트레이드마크처럼 있었다. 상품이 걸린 원형판을 돌리면 화살을 던졌다. 돌아가다가 화살이 꽂히면 판이 멈췄다. 화살이 꽂힌 곳에 적힌 상품을 받는데 주로 꽝이 나왔다. 지금 같으면 사행성 놀이로 아이들 코 묻은 돈 떼어 간다고 잡혀가고 뉴스에도 나올 것이다. 하지만 그 당시는 별문제가 없었다. 달고나도 먹고, 상품도 받는 방식이었다.

　세상에 쉬운 일은 없다. 달달한 달고나도 소다를 많이 넣으면 쓴맛이 나고, 만드는 과정에서 깨어지면 실패를 한다. 처음 하는 일은 잘 안 될 수도 있다. 계속 도전하다 보면 조금씩 성공에 다가갈 수 있다는 것, 달고나 만들기에서 얻은 교훈인데 손자들이 아는지 모르겠다.

　반세기 넘게 흘러갔지만 유년 시절의 추억은 박제되어 시간이 지나도 그대로 남아 있다. 그때의 어린이가 숙녀가 되었다가, 두 아이의 엄마가 되었다가 이제는 네 아이의 할머니가 되었다. 어린 손자를 데리고 장생포에 와서 달고나 체험으로 행복한 시간을 보냈다. 손자들이 할머니와 달고나 만들기 체험을 행복한 추억으로 간직해 주기를 바라며.

손자에게 하듯이 내 자식을 키웠더라면

코로나로 두 아이가 우리 집으로 등교를 한다. 9살, 5살 먹은 외손자다. 학교와 유치원에 가는 대신 가방을 메고 외갓집으로 와서 하루의 일과를 시작한다. 한창 뛰고 놀 나이에 집안에 갇혀 온라인 수업, 책 읽기, 엄마가 내주고 간 숙제를 말없이 하고 있다. 학교 다니며 친구하고 뛰어놀던 아이가 답답하겠지만 잘 적응하고 있다.

시키는 것을 다하고 시간이 남아 큰 녀석은 그림을 그리고 있다. 여자 아이, 남자 아이가 여러 명 그려져 있다.

"지홍아, 누구를 그렸어?"

"2학년 때 같은 반 친구들이에요. 보고 싶어서 그랬어요."

새 학년이 되었지만 아직 선생님과 새 친구들을 만나지 못한 아이는 3학년이지만 아직도 2학년에 머물러 있는 중이다.

지홍이의 그림을 보니 표현이 창의적이다. 뛰는 아이, 노래를 부르는 아이, 춤을 추는 모습 등 모양이 다양하다. 물어보니 친구가 잘하는 모습을 잡아 그렸다고 한다. 내가 자식을 키울 때 보지 못했던 것들이 손자가 그려놓은 그림에서 보인다.

지홍이는 운동과 그림그리기를 좋아한다. 스케치북이나 이면지를 주지만 거기에는 잘 그리지 않는다. 공부하는 상, 벽이나 냉장고 문에다 그려놓는다. 심지어는 컴퓨터 자판기 빈공간에도 그려놓는다. 내가 자식 키울 때는 벽에 낙서를 하거나 그림을 그리면 야단을 쳤다. 하지만 손자가 하는 짓은 귀엽다. 잔소리를 하지 않는다. 손자가 가고 나면 돌아다니며 감상을 하고 닦는 게 일과가 되었다.

손자의 그림을 보는데 내 아이 키울 때가 스쳐 지나간다. 아이들을 좀 더 자유롭게 키웠으면 좋았을 걸 하는 생각이 든다. 교육이란 명분으로 얼마나 많은 간섭과 욕심을 부렸는지 모른다. 어쩌면 간섭과 욕심이 교육이라 착각했는지도 모르겠다. 개성과 능력을 찾아주기보다 내 욕망을 채우려고 닦달했다. 엄마의 생각을 아이에게 주입시켜 애어른을 만들기도 했다. 내 자식에게 손자를 돌보는 것처럼 교육을 했더라면 하는 뒤늦은 후회를 해본다.

　손자는 다르다. 무엇이든 잘해도 예쁘고, 못해도 예쁘다. 손자가 태어나기 전 내 핸드폰의 배경 화면은 식물이었는데 지금은 아이들의 사진으로 바뀌었다. 손자 바보가 되어 폰을 열 때마다 본다. 저절로 미소가 지어진다.

　사람은 누구나 자기만의 재능을 가지고 태어난다. 여러 가지 재능을 가지고 태어나는 사람도 있겠지만 한 가지 재주에 특출난 사람도 있다. 아이들의 재능을 일찌감치 발견하고 키워주는 게 어른의 몫이다. 손자가 그려놓은 그림을 보면 특이한 부분이 보이지만 아이는 아이답게 건강하고 순수하게 자랐으면 좋겠다. 지금은 많은 것을 경험하게 해서 창의력의 바탕을 만들어 줘야 할 것이다.

　지홍이의 꿈을 물어보면 하루에도 몇 번씩 바뀐다. 어제는 컴퓨터 게임을 만들어 내는 사람이 되고 싶다고 했다가 할머니가 쓰는 글에 그림을 그려 주는 사람이 되고 싶다고도 했다. 오늘은 태권도를 잘하는 사람이 되고 싶다고 한다. 무엇이 되든 네가 원하는 일을 하게 되면 할머니는 언제나 응원의 박수를 쳐주겠다.

　아이와 함께 지내는 동안 젊어진 것 같다. 딸도 손자처럼 키웠더라면 행복해 하며 자라지 않았을까 하는 생각을 해본다.

초등학생이 된 지훈이에게

지훈아!

따뜻한 햇살이 창틀에 걸터앉아 있는 봄이구나. 마당에는 지훈이를 닮은 파릇파릇한 새싹이 예쁘게 나와 놀고 있네. 학교 잘 다니고 있지?

나에게 가장 큰 선물로 다가온 너를 처음 봤을 땐 얼마나 작던지, 만지면 다칠까봐 눈으로 보고 눈으로 만져 봤단다. 어른 엄지손가락보다 작은 손과 발이 꼬물 꼬물거리는 것이 얼마나 신기하고 경이롭던지 너에게서 눈을 뗄 수가 없었어. 할머니가 네 아빠를 처음 만났을 때보다 더 행복했었단다.

나온 세상이 엄마 뱃속과 달라 적응하기 힘들었는지 울기도 많이 울어 엄마 아빠를 무척 힘들게 했었지. 그러다 뒤집기를 하고, 기고, 한 걸음 한 걸음 세상 걸음마를 시작했었지. 어느 날 나에게 '할머니'라고 불렀을 때는 무척 어색했단다. 이제 할머니가 되었구나 하는 부담감을 가졌었고, 부끄럽지 않은 훌륭한 할머니가 되어야겠다고 생각을 했단다.

지훈아!

네 동생 준우가 태어나던 해, 네가 다섯 살 때였다. 그때 대구에 볼일도 있고, 애기를 보려고 갔었지. 근데 네 아빠가 유치원에 가서 너를 데려오라고 나에게 부탁을 했단다. 너를 데리고 집을 찾아가는데 높은 아파트가 숲을 이루고 있어서 금방 찾을 수가 없었어. 아파트를 몇 바퀴 돌고 찾았을 때 네가 "할아버지, 할머니 집 찾는다고 힘드셨죠?" 하더라. 작고 앙증맞은 입에서 저런 예쁜 말이 나오다니, 깜짝 놀랐단다.

저녁을 먹고 울산에 돌아오려고 일어섰더니 "할머니, 할아버지 자고 가세요." 하면서 앞을 막으며 두 팔을 벌리더구나. 얼마나 귀엽고 기특하던지. "다음에 오면 꼭 자고 갈게." 하니까 나는 할머니 집에서 많이 잤는데 할머니, 할아버지는 우리 집에 오면 금방 간다고 아쉬워했었어.

이렇게 예쁘게 자라 조금씩 세상에 호기심을 보이던 네가 초등학생이 되었구나. 학교에 처음 간 지훈이는 무슨 생각을 했었니? 여자 짝은 예쁘니? 학교 운동장이 넓다는 생각이 들지는 않았니? 할머니가 초등학교 처음 들어갔을 때는 학교 운동장이 얼마나 컸던지 아득하게 보였단다. 지훈이는 어떻게 느꼈니? 선생님이 부르는 소리에 또랑또랑 크게 대답은 잘하는지, 할머니는 지훈이 학교생활이 많이 궁금하구나.

지훈아!

엄마한테 학교에서 새로운 친구들 만나고, 학교 가는 것을 즐거워한다는 말을 듣고 지훈이가 잘하고 있는 것 같아 할머니는 흐뭇했단다. 수업 시간에는 너의 호기심을 채우고, 쉬는 시간에는 신나게 뛰어놀아라. 세상에는 재미있고 신기한 일들이 많단다. 신기한 일들을 찾고 즐겁게 보냈으면 좋겠다.

공부를 하다 보면 힘든 일도 있단다. 힘든 것을 어른들이 대신해 줄 수가 없다는 것을 알아야 해. 모든 일이 처음에는 어렵고 두려워서 잘 못할 수도 있어. 지훈이도 그럴 때가 있을 거야. 할머니도 너만 할 때 그랬고, 네 아빠 엄마도 그랬어.

처음부터 다 잘하려고 하지 마. 학교를 다니다 보면 공부를 잘하는 친구, 심부름을 잘하는 친구, 청소를 잘하는 친구, 달리기를 잘하는 친구들이 있단다. 지훈이도 하다 보면 잘하는 부분이 나오고 못하는 것도 차차 잘하게 될 거야. 실수해도 되고 넘어져도 된단다. 지훈이한테는 엄마 아빠가 있고, 그 뒤에서 할머니 할아버지가 응원할게. 이끌어 주시는 선생님이 계시니까 걱정하지 말아라.

한 번 넘어지면 한 번 일어서고 열 번 넘어지면 열 번 일어서면서 매순간마다 "와, 신기한 세상이야." 감탄하면서 하루하루를 채워가는 지훈이가 되길 바란다. 할머니가 많이 사랑해.

2017. 3. 할머니가

그것을 보는 눈이 진정한 눈이다. 태양을 볼 수 있는 사람이라고 행복하고, 태양을 볼 수 없는 사람이라고 불행한 게 아니다. 중요한 것은 마음이다.

제4부

진정한 눈

- 신발 한 켤레와 귤 한 봉지
- 진정한 눈
- 하얀 거는 종이, 까만 거는 글씨다
- 급식소에서
- 불빛
- 친절한 공무원
- 봉화 할머니
- 부고
- 양말

신발 한 켤레와 귤 한 봉지

"통장님, 통장님." 누군가 문을 두드렸다. '이 밤에 누굴까?' 하고 나갔더니 한 달 사이에 몇 번 만난 동네 할머니다.

"추운데 밤에 웬일이세요?"

할머니는 새 실버카에서 신발 한 켤레와 귤 한 봉지를 꺼냈다.

"오늘 동사무소에서 미는 차하고, 쌀 한 포대하고, 김치 한 통 받았어. 고마워서 왔어. 이거 받아. 맞는지는 모르겠지만 내가 눈대중으로 샀어."

순간 가슴이 뭉클했다.

나는 매주 금요일 오전, 집 가까이에 있는 보건소에서 봉사를 한다. 할아버지 할머니들이 운동하는 것을 도와준다. 1층에는 작은 도서방이 있어 책을 빌려주고, 글을 모르는 어르신들에게 글을 가르친다.

몇 주 전, 보건소에 가는데 어르신 한 분이 낡은 유모차에 몸을 엎드려 천천히 가고 있었다. 걷는 것을 힘들어 하고 몸이 많이 불편해 보였다. 병원에 가나 보다 하고 그냥 지나쳤다.

12시쯤 보건소를 나서는데 아침에 보았던 할머니가 힘겹게 들어왔다. 따뜻한 물을 한 잔 드리고, 여기 무슨 일로 왔느냐고 물었더니 독감 예방 주사 맞으러 왔단다.

보건소에서는 날짜를 정해 독감 예방접종을 무료로 해준다. 접종 날짜를 놓치면 병원에서 예방 주사를 맞아야 한다.

"10월에 예방접종을 끝냈어요, 지금은 병원에서 맞아야 해요."

어르신은 예방접종 용지를 못 받았고, 접종 날짜도 몰랐는데 이웃 할머니들이 말을 해서 알았다고 했다.

어디 사시느냐고 물었더니 내가 사는 동네에다 같은 통이다. 처음 보는 분이다. 큰아들 집에 살다 얼마 전에 작은아들한테 와서 산다고 했다. 말도 어눌하고 몸이 불편해서 대중교통은 탈 엄두를 못 내고, 택시는 돈이 없어 타지 못하고 차로 10

분 거리를 3시간이나 걸어서 왔다고 했다.

    같이 나와 집까지 모셔 드렸다. 할아버지는 돌아가시고 자신은 중풍이 와서 몸이 마음대로 움직이지 않는다고 했다. 자식이 2남 1녀인데 큰아들은 둘이 벌어 겨우 먹고 살고 있고, 작은아들은 장애인이고 오십세가 다 되어 가는데 결혼을 하지 못하고 벌이도 없단다. 딸이 주는 용돈과 노령연금으로 살고 있다고 했다. 집은 단칸방에 화장실이 밖에 있어 어르신이 살기에 무척 불편해 보였다. 집주인한테 알아보니 집세도 몇 달이나 내지 못하고 있었다.

    동사무소로 가서 복지 사각지대 어르신이 있다고 알렸다. 거주지가 큰아들 집으로 되어 있어 혜택을 볼 수가 없단다. 어르신한테 우선 혜택을 볼 수 있도록 작은아들 거주지로 전입하라고 했다.

    복지사를 찾아가 도움을 요청했다. 그 일이 한 달 정도 걸렸는데 동사무소에서 실버카와 쌀과 부식을 갖다준 것이다.

    어르신이 추운 날씨에 불편한 몸으로 시장에 가서 내 신을 고르고 귤을 산다고 돌아다녔을 것을 생각하니 가슴이 찡했다. 신은 왜 샀냐고 했더니 자기 때문에 많이 왔다 갔다 해서 사 주고 싶었다고 했다. 요즘 세상에 자식도 제 살기 바빠 무관심인데 이렇게 도와줘서 고맙다고 했다.

오며 가며 할머니 집에 들러 보았다. 연필심에 침을 묻혀 가며 성경 필사를 하고 계셨다. 왜 이걸 쓰냐고 물었더니 고해성사하는 마음으로 쓴다고 했다.

"내가 죄가 많아 저 자식이 올찮다. 떨리는 손운동도 할 겸."

글이 삐뚤빼뚤 슬퍼 보였다.

"만약에 하늘에서 하나님이 부르시면 이 성경 다 쓰시기 전에는 못 간다고 하세요."

그 말에 돋보기 너머로 나를 쳐다보며 웃었다.

"응 그렇게 할게, 내가 저 자식을 두고 어찌 눈을 감겠노?"

아들은 엄마가 자기 걱정하는 게 안쓰러워 엄마 아프지 마시라고 한단다. 두 모자의 애틋한 마음에 가슴이 따뜻해졌다.

나는 연말에 주는 시장상, 구청장상이 하나도 부럽지 않다. 어르신이 주신 신발 한 켤레와 귤 한 봉지의 선물을 받았는데 이 감동스런 선물이 어찌 종이 한 장에 비하리오. 귤은 보관이 안돼서 얼른 먹었지만 신발은 어르신 집에 갈 때만 신고 신발장에 넣어 두었다. 아껴 신을 것이다. 두고두고 보면서 행복해하고 싶다. 어르신의 건강을 빌며.

진정한 눈

국립생태원으로 탐방을 가는 길이다.

"길옆에 수수꽃다리가 있어. 잎이 다 떨어지고 가지만 있는데, 작아."

"응, 그래?"

"그 너머에는 억새가 은빛 머리를 숙이고 있어. 햇빛이 반짝거리는 옷을 입혔어. 하늘이 파래. 참 예뻐. 옆에는 소 한 마리가 우리를 반갑게 쳐다보고 있어."

"바람은 찬데, 상쾌해. 공기가 달달해."

두 여인이 팔짱을 끼고 걸으면서 나누는 대화다. 한 여인은 앞이 보이지 않는 장애인이다. 동행한 친구가 사진 찍듯이 풍경을 설명하고 보이지 않는 친구가 대답하는 모습이다. 나는 보이지 않는 친구가 답답할 것 같아 신경이 쓰였다. 하지만 다정하게 손을 잡고 다니면서 추억을 만들고 있다. 그 모습이 하도 아름다워서 하루종일 두 사람 뒤를 그림자처럼 붙어 다녔다.

그녀는 태어날 때부터 보이지 않은 게 아니었다. 살면서 시력을 점점 잃어 지금은 전혀 보이지 않는다고 했다. 시각 장애인이 쓰는 검은 안경을 끼지 않았고, 하얀 지팡이도 사용하지 않았다. 이목구비가 반듯하고 예쁘다. 목소리도 곱다. 글을 잘 쓰고 시낭송은 전문가다. 눈만 안 보인다 뿐이지 외모는 장애인이 아니다.

몸이 천 냥이면 눈은 구백 냥이라고 했다. 차라리 팔이나 다리가 없는 게 낫다고 했다. 우리 신체 어느 한 부분도 소중하지 않은 것이 없겠지만 그만큼 눈이 중요하다는 뜻이다. 눈은 우리 몸 중에서도 가장 섬세한 감각기관이다. 세상의 아름다움과 즐거움을 보게 해주는 것도 눈이며, 지식을 읽어내는 것은 물론, 인간의 모든 행동을 결정짓는 중요한 정보 통로다.

보이던 눈이 안 보이기 시작했을 때 얼마나 불안하고 고통스러웠을까. 어두운 곳이나 계단 같은 곳에서는 부딪치고 넘어지는 일이 다반사였을 것이다. 실감 나지 않는 현실에 하루하루가 위태롭고 두려웠으리라. 그 과정을 지나오면서 많이도 아팠을 것이다.

그녀를 보면 헬렌 켈러가 생각난다. 헬렌 켈러는 어느 날 숲속을 다녀온 친구에게 무엇을 보았느냐고 물었다. 친구는 별로 특별한 것이 없었다고 말했다. '두 눈 뜨고도 두 귀 열고도 특별히 본 것도 들은 것도 없고, 할 말조차 없다니.' 이해할 수가 없었다.

헬렌 켈러는 1933년, '사흘 동안 볼 수 있다면'이라는 글을 '애틀랜틱 먼스리' 발표했다. 그 글은 당시 경제 대공황의 후유증에 시달리던 미국인들에게 위로와 감동을 안겨주었다. 리더스 다이제스트는 이 글을 20세기 최고의 산문으로 꼽았다.

그녀는 자신에게 사흘 동안 세상을 볼 수 있는 기회가 주어진다면 가장 먼저 친절과 겸손과 우정으로 내 삶을 가치있게 해준 설리번 선생님을 보겠다고 했다. 둘째 날은 먼동이 트면 밤이 낮으로 바뀌는 웅장한 기적을 보고 나서, 메트로폴리탄에 있는 박물관을 찾아가 하루 종일 인간이 진화해온 궤적을 눈으로 확인해 볼 것이라 했다. 마지막 날에는 나를 이 사흘 동안만이라도 볼 수 있게 해주신 주님께 감사의 기도를 드리고 다시 암흑세계로 돌아가겠다고 했다.

그녀가 그토록 보고자 소망했던 일들을 우리는 일상 속에서 특별한 대가를 지불하지 않고 보고 경험한다. 오늘 내가 할 수 있는 일이 얼마나 놀라운 기적인지 모르고 살아간다. 아니 누구나 경험하고 사는 것처럼 소중함을 잊어버리고 산다.

일행이 점심을 먹고 나오니 앞이 보이지 않는 그녀가 명함 크기 정도의 점자기기 위에 손을 얹어 검색을 한다. 다음에 갈 장소까지의 걸리는 시간과 날씨까지 이야기한다. 보이는 우리가 안내자가 아니라 보이지 않는 그녀가 우리의 안내자였다.

인간의 인격은 외모나 장애에 의해 판단되어서는 안 된다. 비장애인이 장애인처럼 살아가는 사람이 얼마나 많은가.

돌아오는 차 안에서 탐방의 소감을 말하는데 그녀는 보이지는 않았지만 분위기와 공기, 소리, 피부에 다가오는 느낌으로 즐거운 여행을 했다고 한다. 그리고 '버팀목에 대하여'라는 시를 낭송했다.

'내가 허위허위 길 가다가 만져보면 죽은 아버지가 버팀목으로 만져지고, 사라진 이웃들도 만져집니다. 언젠가 누군가의 버팀목이 되기 위하여 나는 싹 틔우고 꽃 피우고 살아가는지도 모릅니다.'

보이지 않는 눈으로도 누군가의 버팀목으로 살아가겠다는 것 같아 가슴이 먹먹했다.

우리가 눈을 뜨고도 보지 못하는 사물이 있다. 귀를 열고도 듣지 못하는 자연의 소리가 있다. 말을 할 줄 알면서도 말하지 못하는 언어가 있다. 그녀는 손끝의 감각, 소리만으로 세상에 존재하는 모든 것과 대화를 나눈다.

그것을 보는 눈이 진정한 눈이다. 태양을 볼 수 있는 사람이라고 행복하고, 태양을 볼 수 없는 사람이라고 불행한 게 아니다. 중요한 것은 마음이다. 그녀는 마음 속에 진정한 눈을 가지고 빛을 지니며 사는 것이다. 그녀가 가는 길에 환한 빛이 비치길 빈다.

하얀 거는 종이, 까만 거는 글씨다

　할머니들이 글씨를 예쁘게 쓴다. 연필을 꾹꾹 눌러가며 잘도 쓴다. 가끔 일기를 써와서 보여준다. 읽어보면 글은 소리 나는 대로 틀리게 썼는데 뜻은 다 통한다. 배우고 알아 가는 게 재미있다고 한다. 어린 학생들보다 더 귀엽다.
　몇 년 전부터 보건소 도서방에서 할머니들에게 한글을 가르친다. 일주일에 한 번씩 할머니 할아버지들의 당뇨, 혈압을 재고 건강 안내 책자를 드리는데 아직 글을 모르시는 어르신들이 있다고 해서 문해교육 봉사를 하고 있다.
　글을 가르치는데 두 분이 떠올랐다. 시어머님과 이웃에 사는 할머니다. 시어머님은 팔십이 넘도록 살았는데 한글과 숫자를 전혀 모르고 살다 가셨다. 숫자를 모르니 전화를 하려면 옆에 있는 사람이 걸어줘야 했다, 버스를 타면 글을 몰라 가는 곳을 묻고 타고, 택시를 타면 기사분께 요금을 물어서 지불했다. 은행 갈 일, 관공서 갈 일 등은 아버님이나 자식들이 시간을 내서 처리했다.

　시집오고 얼마 안 된 명절 전날이었다. 지금은 떡을 주문하면 방앗간에서 집까지 배달해 주지만 그때는 집에서 쌀을 가져가 방앗간에서 떡이 다 될 때까지 자기 시루 번호를 기억하고 기다려야 했다. 어머님이 떡을 하러 가셨는데 글자와 숫자를 모르니 떡시루를 눈으로 익혔다. 떡이 다 되어 번호를 불러도 대답이 없어 떡 주인 찾느라고 애를 먹었다고 했다. 가격표시를 붙여 놓았는데 글을 모르니 물어보고 돈을 지불해야 했으니 바쁜 와중에 모두 어머님에게 눈총을 주었다고 했다.

　그때 같이 간 분이 "종동댁, 글씨도 모르나? 집에 결혼 안 한 자식들이 있는데 글 좀 배워라." 하면서 핀잔을 주었다고 했다. 집에 오셔서 하는 말씀이 내 남편도 글을 모른다고 뭐라 안 하는데 많은 사람 앞에서 창피를 당해 한바탕 입씨름을 했다고 했다. 어머님은 글은 몰라도 큰 목소리로 조리 있게 말을 잘해 지고 오지는 않았다.

세월이 지나 어머님께 숫자와 가족들 이름만이라도 가르쳐 주고 싶었다. 숫자가 크게 있는 달력을 찢어 숫자 공부를 하자고 하니까 이때까지도 모르고 살았는데 배우지 않겠다고 했다. 본인 이름과 가족들 이름만이라도 써 보자고 했더니 쓸 줄은 몰라도 누가 누구인지 다 안단다. 내가 웃었더니 옆에 계시던 아버님이 "하얀 거는 종이, 까만 거는 글씨다. 네 시어머니는 그것만 알면 되니까 애쓰지 말고 놔둬라." 이러셨다.

글을 모르니 얼마나 답답했을까? 그런데도 배우는 게 두려웠는지 배우려 하지 않았다. 하지만 살림은 주먹구구로 살아도 잘 사셨다. 빌려준 돈, 빌린 돈, 제 날짜에 이자까지 쳐서 빈틈없이 셈했다. 재치가 있고, 이야기를 잘해서 친구분들 사이에 인기가 많았다. 글을 알았더라면 더 환하게 사셨을 것이다.

시어머니와는 반대로 내가 통장을 하면서 알게 된 이웃 할머니는 배우고 싶어 열정이 넘치는 분이었다. 일 년에 한 번씩 거주자 확인을 하는 일이 있었다. 주택에 사는 사람은 집집마다 찾아가서 본인 확인을 받아야 했다. 노인들은 대부분 글을 알아도 귀찮다고 나보고 사인을 대신하라고 했다. 이 할머니는 자기 이름을 손수 또박또박 적어 주었다. 할머니께 이름을 예쁘게 적어 줘서 고맙다고 했더니 글 배운 사연을 풀어 놓았다.

할머니가 사위를 보고 노래방을 갔는데 자식들이 노래를 부르고 아버지, 어머니도 노래를 부르라고 했단다. 남편이 한 곡 하니까 사위가 장모님도 노래를 한 곡 하라고 마이크를 주는데 글씨를 몰라 머뭇거렸다고 했다. 제목까지 생각이 나지 않아 답답했는데 할아버지가 "앞부분만 해 봐라. 내가 같이 불러 줄게. 빨리 앞부분만 해 봐라." 하며 재촉을 해서 미칠 지경이었다고 했다.

할머니는 글씨 모르는 것이 탄로 날까 봐 아무 생각도 나지 않았단다. 노래를 부르다가 새 손님인 사위 앞에서 막힐까봐 머리속이 하얘졌다고 했다. 글씨를 몰라도 아는 노래가 있었는데 앞부분이고 뒷부분이고 내가 부를 줄 몰라서 안 부르나? 글을 몰라 사위 앞에서 딸 체면 깎일까 봐 그랬는데 그때는 남편이 한없이 야속하고 미웠다고 했다.

그 후 남편이 죽고 자식들도 다 나가 살게 되어 모든 것을 할머니가 처리를 해야 했기에 복지관에 등록을 하고 80세가 넘어 한글을 배웠다고 했다. 한글을 배우면서 이미자의 '동백아가씨', '여자의 일생' 가사를 적어 그 노래를 수도 없이 불렀다고 했다. 노래 가사가 할머니 마음과 같이 절절하고 살아 온 인생 같아 진작 한글을 배워 남편 앞에 멋들어지게 불러보지 못한게 아쉽다고 했다.

남편 사진을 앞에 놓고 그날 배운 글씨를 쓰며 "영감, 내 노래 한번 들어 보소." 하면서 여자의 일생을 크게 불러 줬다고 했다. 배우고 싶었고, 남들처럼 책보 들고 학교에 가고 싶었지만 가난했기에, 혹은 여자라서 학교 문턱도 밟지 못한 우리의 어머니 세대가 한이 되어 할머니의 노래로 표출된 것 같아 가슴이 뭉클했다.

내가 할머니들께 한글을 가르쳐 주지만 내가 가르치는 것이 아니라 도리어 할머니가 선생님이 되어 내가 가르침을 받는 학생이다. 자글자글한 주름만 남았지만 할머니들의 살아 온 연륜과 경험이 내 인생의 지침서이다. 또 다른 시작을 두려워하지 않고 도전하는 용기를 가진 할머니들이 나의 스승이다.

생각해 보면 어머님은 글을 몰라도 당당하게 살았다. 아버님과 자식들이 다 처리해주니 불편함을 몰랐다. 하지만 아무것도 없는 하얀 종이보다 표현이 다양한 한글, 까만 글씨를 알았더라면 세상을 환하게 보고 편하게 살지 않았을까.

급식소에서

 백 인 분의 쌀을 씻어 한솥밥을 안친다. 호박을 반으로 갈라 반달 모양으로 썬다. 마늘을 넣고 볶다가 새우젓으로 간을 해서 볶아낸다. 두부는 한입 크기로 썰어 노릇하게 구워 양념장을 뿌려 둔다. 소고기를 넣고 부드러워질 때까지 국을 끓이다가 머리 뗀 콩나물과 무, 파를 넣고 한 번 더 끓인다. 초록색의 호박나물, 노란 두부부침, 빨간 김치를 스텐통에 담고 오늘의 간식인 호박설기와 나란히 둔다.
 열두 시부터 배식을 한다. 할머니, 할아버지의 점심 급식이다. 배식에도 순서가 있다. 구십 세 이상 어르신부터 먼저 드리고 몸이 불편한 어르신은 자리로 가져다준다. 자리가 다 차면 한 분이 큰소리로 "오늘 우리를 위해 봉사하신 젊은이들에게 인사, 잘 먹겠습니다, 수고하셨습니다." 하고 손뼉을 친다. 내가 봉사하는 행운급식소 풍경이다.

밥을 먹고 있는 어르신들의 모습을 본다. 창문으로 들어 온 햇빛이 어르신들의 주름살에 닿는다. 주름살이 세월의 훈장이다. 어떤 길을 걸어왔는지는 다르겠지만 얼굴은 고요하다. 마디마디 굽은 손가락과 손등의 검버섯은 청동빛 핏줄이 기둥이 되어 받치고 있다.

툭툭 불거져 나온 저 손으로 어렵고 모진 세월을 억척스럽게 살았을 것이다. 굽어지고 펴지지 않는 손이 결 좋은 명주, 비단에 비할 수 있을까? 세월이 그분들을 지나간 것인지, 세월 속으로 그분들이 들어간 것인지, 덧없는 세월이 많이 흐른 삶의 이력서 같은 느낌이 든다.

어르신들이 끼니를 이을 수 없어서 오는 것은 아니다. 핵가족으로 혼자 살거나 아니면 가족이 모두 직장으로 나가 점심을 혼자 먹기에 나오는 분들이 많다. 밥을 준비하는 우리보다 먼저 와서 옹기종기 모여 앉아 밤새 안녕함에 고마워하고 이야기를 나눈다. 여기 와 밥을 먹을 수 있는 분은 그나마 다행이다. 나이 많은 분들이다 보니 며칠 사이에 입원하거나 삶의 끈을 놓은 분도 있어 안타까울 때가 있다.

　꽃 같은 시절, 어르신들은 짝을 만나 자식을 낳아 키우면서 보람이 컸을 것이다. 부모 형제간과 부대끼며 살면서 힘이 많이 들었을 것이다. 자식들 키워 제 갈 길로 보내고 나서는 젊었을 때의 화려함은 사라지고 앙상한 가지만 남았다. 흐르는 강물 소리, 휑한 바람 소리가 들려오는 것 같은 어르신들이다.

　밥을 먹고 있는 어르신들 중에는 폐지를 주워 용돈으로 쓰는 분도 있다. 자식들이 못 살거나 아니면 자식이 애를 먹여 당신 몸도 걷기 버거운데 폐지를 줍는다. 자식들의 담보물이 되어, 평생 모은 것 자식에게 빼앗기고 노년에 힘들게 거리를 헤매고 다닌다. 하루 몇 천 원 벌자고 낡은 유모차를 밀고 다니는 것을 볼 때면 연민이 든다.

　밥을 하고 설거지를 하는 동안 살아온 이야기를 듣노라면 전부 넉넉한 마음으로 포용하고 걱정해 주는 말씀이다. 삶의 의미와 깨달음을 환하게 켜주는 등불처럼 어르신들의 숨결이 내게 따뜻한 온기로 다가온다. 어르신들의 말씀을 인생의 각주로 달고 살아간다.

　어르신들이 유모차를 밀며 나가는 모습을 보면 지는 노을을 이마로 쳐내는 느낌이다. 젊은 시절은 다가고 새처럼 가벼운 몸이 외로워 보인다. 흐르는 물처럼 시간에 순응하며 산 세월인데 그동안 살아온 세월이 긴 꿈이었으리라.

　산자락에 황혼이 걸리고 겨울 눈꽃이 내리면, 마지막 갈 길만 남은 듯 가랑잎이 뚝뚝 떨어지지만 모두 열심히 산다. 뜨는 해는 눈이 부시지만 노을의 끝자락은 더 아름답게 느껴지는 급식소의 어르신들이다.

불빛

　더듬더듬 핸드폰을 찾아 시간을 확인한다. 핸드폰 불빛이 이렇게 강했었나? 눈이 부셔 얼른 끄고 만다.
　네 시, 새벽이라 해야 할지, 한밤중이라 해야 할지, 평소 집에서 일어나는 시간에 비하면 지금은 한밤중이다. 어제도 밤을 새우다시피 했는데 다시 눈을 감아도 정신은 말똥말똥해지고 잠은 멀리 달아나 버린다. 몸이 괴로울 때일수록 잠을 자려고 애쓴다. 잠자는 시간만큼은 고통을 잊을 수 있기 때문이다. 건너편 침대에도 커튼 사이로 핸드폰 불빛이 보인다. 환자인지 간병인인지 모르지만 나처럼 잠을 포기했나 보다.

9층 병실, 밖에는 겨울비가 내리는지 유리창에 물방울이 달려있다. 비가 그리는 창문 너머로 불빛이 군데군데 보이는 고층 아파트들이 서 있다. 저기에도 잠을 이루지 못하는 사람이 있는가 보다. 밤새워 공부하는 학생인지, 새벽에 밥을 해놓고 출근하려고 일어난 직장 다니는 주부인지 별생각을 다한다.

집에 있는 남편은 잘 자고 있을까? 하루 종일 두 손자를 돌보느라 피곤해서 곯아 떨어졌을까. 아니면 나처럼 일찍 깨서 폰을 들여다보고 있을까? 병원이 아닌 내 집에서 잠을 잘 수 있는 것만으로도 얼마나 큰 행복인지, 평범한 일상이 감사한 일이란 걸 절실히 깨닫는다.

자야 한다는 의식을 불러들여 봐야 아무 소용이 없다. 한밤중에도 잠들지 못하는 사람들이 밝힌 불빛, 육신의 병으로 잠 못 이루는 나 같은 환자들, 큰수술하고 가릉거리며 자고 있는 옆 침대 어르신 생각까지 빗물에 들러붙은 낙엽처럼 내 머릿속에 온갖 상념이 축축하게 젖는다.

내 옆 침대에 있는 환자는 83세 할머니다. 폐암 환자인데 나하고 같은 날 수술을 했다. 나는 오전에 하고, 할머니는 오후 2시에 들어갔다. 불을 끄고 자려고 하는데 병실로 왔다. 8시간 만에 나왔는데 몸에는 여러 개의 봉지를 주렁주렁 달고 나왔다. 할머니 자신은 무슨 병인지도 모른 채 몸에 칼을 댔다. 가족들은 본인에게 병명을 알려야 하나, 알리지 말아야 하냐를 두고 의견이 분분했는데 결국은 알리지 않고 수술을 했다.

만약 내가 그 상황을 접했으면 어떻게 했을까? 나도 병명을 알리지 않는 게 낫지 않을까 하는 생각이 든다. 또 굳이 그 나이에 수술을 해야 할까 하는 갈등도 생긴다. 내 연배 정도의 아들은 수술을 해도 회복하지 못하고 죽을까 봐 걱정을 많이 했다고 한다. 나는 그 연세에 긴 시간 동안 수술을 버티고 중환자실로 가지 않은 것만 해도 건강한 거라고 입에 발린 위로를 한다.

할머니가 수술한 날 밤, 아들은 간병인에게 어머니를 맡기고 갔다. 자가 조절 진통제를 달고 통증을 줄이는 소염진통제, 패치를 가슴에 부쳐도 소용없는지 할머니는 밤새도록 아프다고 울면서 아들 불러오라고 소리를 쳤다. 무릎에 구멍을 내고 연골을 꿰맨 나도 욱신거리고 아픈데 숨 쉬는 장기를 도려냈으니 통증이 오죽하겠는가. 간호사가 밤새 들락거리고 간병인은 앉지도 못하고 서서 밤을 새웠다. 옆에서 보기가 안쓰러웠다. 그날 밤 병실에서는 불빛이 사라지지 않고 모두 잠을 자지 못했다. 밤을 하얗게 새워도 할머니와 간병인이 딱해서 아무도 말을 하지 않았다.

이튿날 아침에 "밤에 많이 아프셨지요?" 하고 위로를 드렸다.

"늙은 사람이 아프지 않은 게 이상하지. 젊은이도 어제 수술했는데 많이 아팠제? 나 때문에 잠을 못 자서 우야노?"

밤을 새운 병실 환자들에게 미안하다고 사과를 했다. 몸이 아프면 마음은 몸보다 더 약해진다. 자신의 병명을 모르는 상태에서 수술한 할머니는 몸은 아프지만 의지는 건강해 보였다. 그 모습을 바라보는 내 마음이 더 아팠다.

건강하던 사람이 하루아침에 환자가 되는 예가 수두룩한데 지금 누구를 위로할 것인가? 그런데도 할머니는 본인 때문에 고생하는 큰아들 걱정을 한다. 이 새벽에 잠 못 이루는 나도 가족을 걱정하고 누군가를 걱정하고 있다.

침대에 누워 하염없이 창밖 불빛을 보고 있는데 청소하는 아줌마가 조심스레 들어와 화장실 청소를 한다. 팔목에 도드라진 힘줄이 불빛에 새파랗다. 거울을 닦고 쓰레기통을 비우는 그녀의 등 뒤에서 김이 모락모락 나는 것 같다. 억세게 걸레를 쥐어짜는 손아귀의 힘과 불편 없이 걸을 수 있는 다리가 부럽다. 박박 문지르고 닦아서 빛을 낼 수 있는 그녀의 모습이 불빛에 건강하게 보인다.

불빛은 추위 속에서 온기가 되고 절망 속에서 위안이 된다. 어두운 밤길을 걸어온 이에게는 유일한 이정표다. 어둠을 주시

하면 빠져들 듯이 불빛은 보는 이의 마음을 뒤흔들어놓기도 한다. 불빛을 보고 있다는 것은 어둠 속에 있다는 뜻이고, 동시에 이곳에서 나가기를 갈구한다는 의미일 것이다.

하지만 불빛은 잠 못 드는 자에게는 고통이다. 잠은 신이 내린 보약 같은 선물인데 오늘 밤엔 잠을 못 이루는 사람들의 창가에 불빛이 꺼져 있기를 바란다. 내일 아침에는 내가 걱정하는 사람들이 개운하게 잘 잤다며 기지개를 켜고 하루를 씩씩하게 시작하는 날이 되기를 바라 본다. 아침에 피는 꽃잎처럼 새롭게 열리는 오늘, 소박한 기도로 하루를 연다.

파도가 언제 밀려왔다 밀려가는지 알 수 없듯이 어둠이 걷힌다. 창문이 점점 환해지고 비도 주춤거린다. 다시 핸드폰을 열어 시간을 확인한다. 핸드폰 불빛은 몇 시간 전보다 밝음이 약해졌다. 내 상념도 불빛과 함께 슬며시 사라진다.

친절한 공무원

　연일 40도를 오르내리는 날씨다. 모든 것이 녹아 버릴 것 같은 날씨에 짜증이 나는데 우리 동네는 개로 인해 스트레스가 극에 달했다. 오십여 마리의 개가 짖어대서 하루종일 귀가 따갑다. 개의 지린내로 냄새도 장난이 아니다. 문을 닫고 에어컨을 돌리지만 개소리는 여전하다. 하루 내내 문을 닫아 놓을 수도 없고 화가 치솟는다.
　이웃들과 단체로 개 키우는 집을 찾아갔다. 벨을 눌러도, 대문을 두드려도 나오지 않았다. 전화까지 안 받았다. 개만 요란하게 짖어댔다. 고약한 냄새를 맡고 파리 떼만 만나고 돌아왔다. 아무리 개가 좋아도 그렇지, 불이 붙을 것만 같은 날씨에 개 키우는 부부도 스트레스를 받을 것인데, 도무지 이해가 안 갔다. 더운 날씨에 사람이나 개도 견디기 힘들 것이다.

그동안 동사무소나 구청에 민원을 수 없이 넣어도 법이 없어 안 되고, 동물 보호하는 사람들의 반발 때문에 제재를 가할 수 없다는 소리만 돌아올 뿐 대책이 없었다. 동장이나 구청 직원이 나와도 문을 열어주지 않아 개 주인은 만나지도 못하고 갔다. 강제로 문을 열 수도 없고 속앓이만 할 뿐이다.

우연한 기회에 시청에 근무하는 J 선생님에게 우리 동네 이야기를 했더니 시청에 '신문고'가 생긴다고 민원을 넣어보라고 했다. 듣던 중 반가운 소리라 그날 저녁에 삼 년 넘게 겪어 온 일을 글로 썼다. 피해 주민 서명도 육십여 명 받았다. 모두 나와 같은 생각을 하고 있던 처지라 크게 공감하며 반갑게 협조를 해주었다.

신문고는 9월 초에 시행된다고 하는데 너무 답답해 시청으로 찾아갔다. 민원실에 가서 신문고 담당자를 만나게 해 달라고 했다. 민원 담당하는 여직원이 민원서를 보더니 "고충이 말이 아니겠군요." 하면서 신문고 설치는 아직 안 되었는데 일단 담당자에게 전화를 해 보겠다고 했다.

담당자가 금방 내려왔다. 내가 써간 민원서를 꼼꼼히 보더니

'그동안 불편이 많았겠다.' 면서 지금은 신문고가 설치중이라 처리가 될 수 없으나 농축산과가 담당이라고 전화를 해주었다. 그리고 다른 건물에 있는 농축산과까지 데려다 주었다. 잘 해결되었으면 좋겠다면서 인사를 깍듯이 하고 자기 부서로 돌아갔다.

농축산과에 들어가 담당자를 만나고 민원서를 보여 줬더니 역시 그동안 고생이 많았겠다며 친절하게 대했다. 주민센터나 구청직원들보다 민원인을 대하는 태도가 달랐다. 구청과 동물보호단체와 의논해서 해결해 보겠다고 걱정하지 말란다. 민원에 대해서 부정이 아닌 긍정으로 배려하고 충분히 민원인이 납득이 가도록 설명을 해 주었다. "법은 없지만 주민이 더 이상 불편을 겪지 않도록 최대한 조치를 취해 보겠다."고 했다. 엘리베이터 타는 곳까지 나와서 내게 정중하게 인사를 하고 가는 것을 보고 들어갔다. 마음이 훈훈했다.

친절은 경청과 공감이다. 공무원의 친절한 말투는 민원 응대 서비스의 품격을 높게 하고, 이를 통해 민원인들은 공무원에게 만족과 신뢰를 얻는다. 민원인들이 공공기관에 전화를 하거나 직접 방문하는 이유는 다양하겠지만, 보통 공공서비스에 대해 불편이나 개선사항을 말하는 경우가 많다.

이 민원들이 해결되고 안 되고를 떠나서 공무원들이 민원인들에게 상냥하고 친절하게 대하는 것은 활기찬 조직문화를 이끌고 시민들에게 신뢰감을 준다. 또한 마음의 문을 활짝 열고 정보공유 및 소통이 자유로워질 수 있다. 예의 바르고 겸손한 자세는 그 자체로 아름답다.

친절은 그 사람의 보이지 않는 인격이다. 친절함이란 하루아침에 행동으로 나타나는 것이 아니라 오랜 시간 축적되어온 그 사람의 진실한 마음이다. 다른 사람의 마음에 편안히 쉴 수 있는 나무 한 그루 심어주는 것과 같다. 친절한 공무원을 만나 그동안 힘들고 불편했던 마음이 그늘에서 쉬는 것처럼 편해졌다.

어쨌든 개가 다른 곳으로 이사를 갔다. 공무원과 의논이 되었는지, 동사무소와 구청, 동물보호협회와 경찰이 단체로 나와 견주를 설득했다. 개가 없어 동네는 절간같이 조용해졌는데 집 안에 개가 사용하던 물건과 쓰레기가 남아 있고, 악취가 아직 해결 되지 않고 있다. 환경과에서 나와 치워준다고 해도 건드리지도 못하게 한다. 크게 관심도 없던 구청에서 개를 데리고 오는지, 청소를 했는지 묻는 전화가 가끔 온다.

냄새는 아직 나지만 개 짖는 소리만이라도 없어진 게 어딘가. 날씨가 선선해지면 개를 다시 데리고 올까봐 걱정이다. 동네 주민들이 그때는 돌아가며 불침번이라도 서자고 하는데 그렇게 안 되길 바랄 뿐이다. 올여름은 백여 년 만의 더위라고 하는데 나는 이름도 모르는 두 공무원의 친절함에 마지막 무더위를 수월하게 넘길 수 있었다.

봉화 할머니

봉화 할머니가 하늘로 이사를 갔다. 나와는 낮은 담을 사이에 두고 사는 이웃 할머니인데 설을 며칠 앞두고 온다 간다 말씀 없이 이사를 했다.

봉화가 고향인 할머니는 젊었을 때 할아버지와 사별하고 아들 하나만 두었다. 아들, 며느리가 직장을 다녀 살림을 하고 손녀 둘을 키웠다.

할머니는 신식 할머니였다. 짧은 뽀글 머리가 아닌 까만 생머리를 한 올 흐트러짐 없이 빗어 넘기고 화장을 곱게 하고 다녔다. 피부가 깨끗하고 주름도 별로 없었다. 봄부터 가을까지는 하얀 바지에 원색의 꽃무늬 블라우스를 입고 다녔고, 겨울에는 분홍색 패딩을 입은 차림이었다. 약간 굽은 허리로 팔을 휘젓고 걷는데 할머니가 지나가면 골목이 환해졌다. 세련된 모습에 박식하고 활동적인 분이었다.

할머니는 경로당 노인회장을 맡았다. 경로당을 가려면 우리 집 앞을 거쳐 가야하기 때문에 하루에 서너 번씩 지나다녔다. 아침 일찍 지나가는 할머니를 보고 왜 이렇게 일찍 출근을 하냐고 물으면 "할마씨들이 9시 넘고 나오래도 일찍 와서 문 열어 달라고 전화를 안 하나? 문 열어주러 간다." 고 답을 했다.

팔순이 되어오는데도 경로당에서 젊다고 밥하고 온갖 심부름, 궂은일을 도맡아 했다. 아픈 할머니들의 수발을 들었고, 할머니들의 하소연도 귀담아 들어주었다.

저녁할 무렵이면 어김없이 할머니들과 지나가며 우리집을 들여다보았다. 담이 낮고 중간 중간 철로 된 창살이 있어 마당을 밖에서 볼 수가 있다. 작은 마당이지만 봄날 복수초를 시작으로 초겨울 국화까지 온갖 꽃들이 피고 진다.

"이 꽃이 무슨 꽃이고? 우째 이리 이쁘노?"

"매발톱인데요, 어머님만큼은 예쁘지 않아요."

나는 기분 좋으라고 빈말을 했다.

"야, 꽃보다 내가 더 이쁘다고? 나이가 팔십이 되어가도 이쁘다고 하니 좋네."

꽃 핀 화분을 하나 드리려 하니까 싫다고 손사래를 쳤다. 여기 두면 지나가는 모든 사람이 눈호강을 하는데 할머니댁에 가져가면 담이 높아 당신만 본다고 가져가지 않겠단다.

경로당에서 음식이나 가꾼 채소가 생기면 우리 집 대문에 걸어 놓고 갔다. 흔한 눈깔사탕 한 봉지도 사드리지 않았는데 할머니 드시라고 하면 나누어야 행복하다고 하면서 수시로 주었다.

하늘로 가기 전날도 경로당에서 피자 파티를 열었다고 했다. 떡은 수시로 먹지만 피자 한 번 먹어보자고 하면서 십만 원어치나 통 크게 쏘았다고 했다. 다 그런 것은 아니지만 나이가 들어가면 고집이 세어지고 인색해지는데 봉화 할머니는 남에게 많이 베풀었다.

함께 다니던 동네 할머니들이 봉화 할머니가 떠나고 한쪽 날개가 꺾인 듯 많이 아파했다. 치매가 걸려 며느리와 매일 같이 티격태격하는 피아노집 할머니, 아침마다 노란 미니버스 타고 노치원 가는 소선 할머니, 집만 나가면 못 찾아와서 경찰차를 타고 오는 거북 할머니, 허리 수술을 해서 보조기구를 밀고 다니는 오례 할머니, 유모차에 빈 상자를 주워 싣고 다니는 막순이 할머니가 살아있는데 봉화 할머니는 어찌 그리 허무하게 갔는지 모르겠다. 할머니들이 서로 당신이 갈 길을 대신해서 갔다고 애석해했다. 저승 가는 데는 순서가 없다고 했는데 그 말이 딱 맞는 말이다.

다용도실 창문 너머로 할머니 집 마당을 맑은 물속 들여다보듯 바라본다. 아침마다 빨래를 해서 너는 모습이 보이지 않는다. 집안일 마치고 경로당 출근하려고 왔다 갔다 하는 모습을 매일 보는데 동백나무만 할머니의 이사를 모르는지 새잎을 틔우고 꽃봉오리를 맺고 있다.

꽃이 진 자리는 바람이 쓸고 지나가면 애잔하고 슬프지만, 흙으로 돌아간 꽃은 때가 되면 다시 돌아온다. 봄이 되면 다시 돌아오기에 헤어진다는 생각이 들지 않는다. 삶에는 삶의 문이 있고 죽음에는 죽음의 문이 있다. 나의 부질없는 생각인지 모르지만 죽음의 문을 열고 꽃술을 내미는 꽃처럼 할머니도 하늘을 구경하고 때가 되면 그 자리에 보란 듯이 피는 꽃으로 돌아왔으면 하는 생각을 해 본다.

하루하루를 즐겁고 씩씩하게 산 할머니가 자신의 가는 길은 알지 못한 것 같아 안타깝다. 하늘도 남을 먼저 생각하고 염려한 할머니가 필요했는지 모르겠다. 마무리를 아름답게 하고 간 할머니가 하늘에서도 행복하게 살았으면 한다. 올해도 열심히 꽃을 가꾸어야겠다. 봉화 할머니가 하늘에서 내려다볼 수 있게.

부고

세상에서 가장 슬픈 소식이 부고다. 평소에 친하게 지내지 않았다고 해도 세상을 떠났다는 소식을 들으면 갑자기 그와 지낸 시간이 떠오르고 그가 지었던 미소나 이야기가 뚜렷하게 생각난다. 하물며 동기간처럼 친하게 지냈던 사이였다면 더욱 안타깝고 가슴이 시리다.

며칠 전, 통신대학교와 문예창작교실을 같이 다니던 언니를 하늘로 보냈다. 같은 학번으로 만난 언니는 나하고는 띠동갑이었다. 몸은 작고 약하지만 마음은 태평양처럼 깊고 넓었다. 늘 긍정적이어서 나쁜 말을 하지 않았다. 내가 조그마한 도움을 주면 그 댓가가 몇 배로 돌아와서 민망할 정도였다.

언니는 유복자로 태어난 무남독녀다. 백 년을 살고 있는 어머니가 계시고, 남편도 건강하다. 어머니는 포항에서 혼자 산다. 먹을 것을 해서 수시로 어머니한테 다녔다. 그런 어머니를 두고 어떻게 눈을 감았을까.

중학교와 고등학교를 검정고시로 마치고 칠순이 가까운 나이에 방송대에 입학을 했다. 과에서 나이가 제일 많았다. 어려운 게 많다며 밤을 새워가며 공부를 했다. 공부하다 모르는 게 있으면 한밤중이라도 전화를 해서 물었다. 젊은이 못지않은 열정으로 공부를 해서 졸업장을 거머쥐었다.

언니는 졸업 전부터 나와 문학관 문예교실을 다니며 글을 썼다. 수필, 시조를 썼고 간간이 상을 받았다. 대단하다고 축하한다고 하면 소녀처럼 웃으며 부끄러워했다. 고맙다며 상금 받은 돈으로 밥을 사주곤 했다.

코로나로 얼굴을 못 본 지는 육 개월 정도 되었다. 보고 싶어서 한 달 전 전화를 했더니 딸이 받았다. 엄마를 바꾸라고 했더니 코로나 예방 접종을 하고 삼 주 지나 쓰러졌다고 했다. 수술을 했는데 의식이 없다고 했다. 엄마가 깨어날 수 있도록 기도를 해달라고 하면서 울었다.

이게 무슨 날벼락인지 머리가 멍해졌다. 코로나로 가족 외엔

면회도 안 된다고 했다. 기적이 일어나길 빌었지만 기적은 일어나지 않았다. 철쭉이 활짝 핀 화단에서 진달래빛 옷을 입고 영정사진 속에서 활짝 웃고 있는 언니를 장례식장에서 만났다.

가지런한 틀니를 드러내고 인자한 미소로 여린 손에서 키워낸 채소와 먹거리를 주면서 "정숙아, 이거 약 안 친 거야. 먹어봐." 하면서 대문 앞에 나타날 것 같았다. 언니도 오빠도 없는 나는 어려운 일이 있을 때마다 의논하고 해결책을 물었다. 커다란 울타리였는데 삶이 이렇게 허무할 수가 없었다. 허망함이 나를 괴롭혔다. 일이 손에 잡히지 않았다.

누구나 한번은 자신의 삶이 다 했음을 통보하고 떠나는 날이 있다. 다만 그날이 언제 다가올지 모른 채 오늘을 살고 있다. 죽음이라는 무거운 주제를 피하기 위해 하늘로 떠났다거나 혹은 돌아갔다는 말로 돌려 말하지만 죽음은 두려움으로 우리 곁에 항상 맴돌고 있다. 그저 외면하고 살아갈 뿐이다.

위인들이 남긴 말이나 고전, 명작만 교훈을 주는 것이 아니다. 고인의 삶은 남아 있는 사람들에게 평가된다. 사는 동안에 잘못과 잘함은 저승이 아닌 이승에서 뚜렷해진다. 우리는 고인들이 살면서 행한 행동과 그들의 삶을 통해 배우고 반성한다. 떠난 사람이 내게 남긴 사랑과 추억을 가슴에 아로새기며 몸의 이별이 영영 이별만은 아님을 느끼고 싶은데 안 된다.

시간이 지나가야 할 것 같다. 비록 볼 수는 없지만 함께 했던 시간에서 고인의 사랑을 느끼고 감사한 마음을 가진다. 언젠가는 나도 한 장의 부고를 남기고 떠나야하기에 경건한 마음이 된다. 언니의 부고가 나에게 죽음이란 명제로 다가와서 삶을 다시 일깨우고 있는 것처럼.

양말

 한더위도 물러가고 선들바람이 부는 초가을이다. 아침 햇살이 도탑다. 어린아이로 돌아가 있는 어머니를 뵈러 가는 길에 양말 가게에 들렀다. 각양각색의 양말들이 즐비하다. 양말을 고르는데 캐릭터가 그려진 어린이 양말이 눈에 들어왔다. 양말을 보는 순간 초등학교 때의 일이 생각났다.
 초등학교 시절, 초라한 단칸방에 살고 있는 우리 집에 선생님이 가정방문을 오신다고 말씀하셨다. 가정방문한다는 말을 듣는 순간 걱정이 앞섰다. 구름처럼 떠돌며 소식 없는 아버지가 언제 불쑥 나타날지 모르기 때문이다. 가난에 찌든 모난 것들을 보여줄까 봐 선생님이 집에 오시는 날은 소나기라도 퍼부었으면 하는 심정이었다.

가장이란 책임감마저 없는 아버지가 집에 오는 날은 늘 두려웠다. 아버지 눈에는 고물고물한 자식들도 보이지 않았고, 개선장군처럼 떠받들어 주길 바랄 뿐이었다. 아버지가 오는 날은 밥상이 날아가고, 큰소리가 골목을 넘었다. 나는 무서워서 동생들을 데리고 큰길가에 나가 어머니가 오기만을 기다렸다.

어머니는 늦은 밤까지 길바닥에서 행상을 했다. 하루 일을 마치고 돌아오는 길모퉁이에서 소복이 당신을 기다리고 있는 자식을 보자, 어머니는 이고 있던 보퉁이를 내던지고 우리를 끌어안고 말없이 속울음을 울었다. 아무 말이 없어도 짐작으로 상황 판단을 하고 이웃집에 하룻밤만 재워 달라고 부탁했다.

그날 밤, 잠이 오지 않아 가만히 집 앞까지 갔을 때 지긋지긋한 술주정에 청승맞은 울음소리가 방문을 넘고 있었다. 유년 시절의 아픈 상처는 수많은 날이 밝아 햇볕을 쬐어도 아물질 않았다.

선생님이 가정방문을 다녀가신 그날, 윗목에 작은 상자 하나가 있었다. 상자를 열어보고 남의 물건을 몰래 훔친 사람처럼 얼굴이 확 달아올랐다. 양말이었다. 가난이란 맨몸으로 길에 나가 서 있는 것보다 더 창피했다. 구멍 나고 기운 양말을 신고 다니는 내 모습이 얼마나 측은해 보였으면 사 오신 걸까? 고마운 마음도 잠시 선생님을 어떻게 뵈어야 할지 학교 가기가 싫었다. 부끄러워 선생님께 고맙다는 인사를 끝내 하지 못하고 초등학교를 졸업하고 말았다.

　병상에 있는 어머니를 바라보니 지난날의 일들이 영화의 한 장면처럼 펼쳐졌다. 누군가 말했다. 가난은 힘이 드는 게 아니고 조금 불편할 뿐이라고. 하지만 가난을 겪어보지 않는 사람은 고통이 어떤지 모른다. 유년을 돌아보면 월세도 제때 내지 못해 주인 눈치를 보고 우리는 쫓겨날까 봐 숨을 죽이고 살았다. 기성회비를 내지 못해 교무실에 수시로 불려 다녔다. 먹는 것이 부실했고, 입성도 헐벗고, 구멍이 난 양말을 신고 살아왔다.

　어떻게 된 일일까? 양말 사 간 것을 알았는지 어머니의 엄지발가락이 양말 밖으로 빼꼼히 나와 있다. 가슴에 무수히 난 구멍을 메우듯 양말을 꿰매 신더니 이제는 메울 일도 없는지 구멍 난 양말을 그대로 신고 있다. 당신은 평생 새 양말 한번 옳게 신어보지 못하고 꿰맨 것을 신고 살았다. 아버지의 구멍 난 양말을 꿰매 신었고, 식구들의 헌 양말을 신었다. 나는 세상 어머니가 당연히 그런 줄 알았다. 받기만 했던 내리사랑에 조금이나마 갚고자 어머니한테 다니지만 받은 사랑을 어떻게 다 갚을 수 있으랴.

　평생 남편 사랑 한번 받아보지 못한 채 살아온 어머니 모습을 바라본다. 검은 구름을 몰고 오던 아버지도 저녁노을을 따라가고 자식들 곁에서 마음 편히 지내실 만도 한데 어머니는 덜컥 병이 났다. 지난날을 기억 저쪽에 묻어버린 채 하루하루를 살아내고 있다. 행복은 어찌 그리 어머니를 비켜 가는지 안타깝다. 차라리 당신은 지금 이순간이 더 편한지 모른다.

　구멍 난 양말을 벗기고 새로 사 온 양말을 신겨 주자 순진무구한 아이처럼 만져보고 또 만져본다. 어린아이처럼 해맑게 웃는다. 지금까지 어머니가 저토록 활짝 웃는 웃음을 한번 본 적이 없었다. 언제나 자식들 먹이고 입히고 학비 걱정에 피눈물 나게 살았다. 몸뚱이 하나로 이리 뛰고 저리 뛰고 억척같은 모습만 봐 왔기에 당신은 웃음조차 없는 줄 알았는데 양말 한 켤레에 웃는 모습을 보인다. 가만히 어머니 손을 잡자 아버지한테 가고 싶다고 한다. 부부의 인연이란 이렇게나 질긴 매듭일까. 아직도 풀지 못하고 애착에 쌓여 남편을 따라가고 싶어 한다.

　지금은 넘치는 풍요로 인해 양말 한 켤레가 아무것도 아니지만 그 시절에는 새 양말 신는 날이 명절날뿐이었다. 양말도 떨어질까 봐 학교 다녀오면 벗어놓고 마음대로 신지 못했다. 애지중지 아껴도 얼마 못 가 구멍이 나고 말았다. 어머니는 동그란 전구를 넣고 자투리 천을 덧대어 기워 주었다. 선생님이 주신 양말을 깁고 기워가며 신었다. 낡고 보잘것없는 것이지만 내게는 어느 값비싼 것에 비할 수 없이 소중했다.

"네가 잘 되어야 선생님께 보답하는 길이다. 어려워도 공부 열심히 해서 잘 살아야 한다."라는 말을 어머니한테 귀가 따갑게 들었다. 초등학교 시절, 세심하고 자상하게 신경을 써준 선생님 덕분에 공부에 대한 열정을 놓지 못하고 지금까지 공부를 하고 있는지 모르겠다.

당신이 살아온 고달픈 생애에 구멍 난 양말 사이로 보이는 엄지발가락이 내 마음 한구석에 잔잔한 파문을 일으킨다. 반세기가 지난 지금까지 양말을 두고 가신 선생님의 사려 깊은 마음이 아름다운 얼굴로 그려진다.

왜 이제서야 어머니 마음이 읽힐까? 화살을 맞은 것처럼 가슴이 뜨끔뜨끔하다. 뒤늦게 철이 드는 걸까. 애면글면 인고의 세월을 다독이며 살아 온 당신의 뒤를 따라가고 있어서일까.

제5부

직박구리 둥지

- 집
- 밥
- 분홍 꽃과 흰 꽃
- 직박구리 둥지
- 십시일반十匙一飯
- 최고의 생일 선물
- 고무신
- 청라언덕
- 어머니 전前

집

 마당 가득 햇볕이 쏟아진다. 뜨거운 여름을 이겨낸 풀들이 자기자리를 지키며 견디고 있다. 발밑 풀들 사이로 민달팽이가 몸을 밀어 길을 당긴다. 어디로 가는지 쉼 없이 촉수를 세우고 간다. 집도 없이 여름을 어찌 견뎠을까? 맨몸의 달팽이를 보니 집을 갖기 위해 살아온 지난날이 생각난다.
 나는 어릴 때부터 집주인에게 쫓겨나지 않고, 눈치 보지 않는 우리 집에서 사는 게 꿈이었다. 경제적으로 힘이 없는 아버지와 어머니, 나, 동생 다섯, 모두 여덟 식구가 단칸방에서 살았다. 공동수도가 있는 마당을 가운데 두고 단칸방들이 다닥다

딱 붙어 있는 집에 일곱 가구가 엉켜 살았다. 문이라고는 들어가는 문밖에 없는 방, 햇볕도 놀러 오지 않는 방, 아침이면 화장실에 가는 줄이 길게 서 있는 집이었다. 초라한 단칸방 하나 유지 할 돈이 없던 우리는 밀린 월세를 내지 못해 보증금마저 날리고 그 방에서 쫓겨났다.

보잘것없는 세간을 식구들이 짊어지고 민달팽이처럼 비탈진 달동네를 걸었다. 골목을 몇 바퀴 돌았더니 다리가 후들거렸다. 판잣집들로 이어진 골목, 가파른 계단에 앉아 아래를 내려다보았다. 어둠 속에서 반짝이는 불빛들이 수를 놓았다. 집은 저리 수두룩하건만 우리가 갈 곳은 없었다. 아버지는 돈을 구하러 갔고, 어머니와 우리는 아무 말이 없었다. 때로는 침묵도 위로가 되니까. 가진 게 없는 우리는 하늘의 반짝이는 별빛보다 저 아래 찬란한 불빛을 동경했다. 그날은 공터 평상에서 달빛을 이불로 덮고 하룻밤을 보냈다.

이튿날 새소리에 눈을 뜨니 산비탈 미루나무에 까치가 집을 짓고 있었다. 저렇게나마 제 집을 지을 수 있는 까치가 부러웠다. 차가운 이슬을 피하고 바람을 피할 수 있는 집이 있다는 게 우리보다 낫다는 생각이 들었다. 적어도 여기서는 무소유가 미덕이 아니고 부끄러운 일이었다.

한 달이 얼마나 빨리 돌아오던지, 다달이 내는 집세를 내지 못해 주인집 아줌마가 어머니에게 욕을 퍼붓던 일, 아이들이 많다고 쫓겨날까 봐 두꺼운 담요를 문에 걸어 놓고 소곤소곤 말했던 일, 주인집 아들이 때려도 아무 말도 못하고 맞아야 했던 일들은 비참했다. 그래서 살아가며 고래등 같은 기와집이나 초원 위에 그림 같은 집은 아니지만 마음속으로 내 집을 몇 채나 지었다 허물기를 반복했는지 모른다. 집을 사는 일이 어디 한두 푼으로 되는 일이던가. 먹고 사는 일이 급급해 내가 시집 갈 때까지도 남의 집을 전전했다.

결혼을 하고 열 평짜리 서민 아파트에서 신접살림을 차렸다. 시어머니는 전세를 얻어주며 그 돈을 갚으라고 했다. 월급에서 절반을 매달 갚으며 생활을 했다. 전세금도 다 갚지 못했는데 계약 기간이 끝날 무렵, 집주인이 찾아왔다. 인사가 끝나기 무섭게 보증금을 올려달라고 했다. 큰 목돈이었다. 조금이라도 깎아 달라 사정했으나 손톱도 들어가지 않았다. 집주인은 형편이 안 되거든 다른 집을 알아보라며 돌아갔다.

집을 보러 다녔다. 돌도 안 된 아기를 업고 그 돈에 맞는 집을 구하러 다녔지만 없었다. 돈에 맞춰 보증금을 걸고 달세가 있는 집을 얻었다. 허리를 더 졸라맸다. 어린 것을 두고 돈을 벌러 갈 수가 없어 집에서 하는 일을 찾았다. 과자값과 부식비만이라도 벌어 볼까 싶어 수출품 뜨개질과 밤 까는 일을 했는데 아이를 돌보면서 하려니 힘이 들었다.

작은아이가 초등학교 들어갈 무렵 내 집이 생겼다. 이십여 년 된 스무 평짜리 아파트를 대출을 내어 샀다. 낡았지만 남편 명의로 된 집, 전세금 올려 달란 말 듣지 않아도 되고, 이사 다닐 일이 없어 날아갈 것 같았다. 좋아서 잠도 오지 않았고, 밥을 먹지 않아도 배가 불렀다. 아이들 방이 있고 거실이 있는 집, 내가 태어나서 처음으로 꿈을 이룬 집에 봄이 가득 들어앉았다.

꽃밭에 꽃이 늘어나듯 봄이 온 집에 식구가 늘어났다. 시이모가 지방으로 이사를 가면서 아들 둘을 맡겼다. 중학교 1학년, 3학년 사촌을 일 년 가까이 데리고 있었다. 이종사촌을 보내고 나니 시동생이 취직이 되어 우리 집으로 왔다. 불편했지만 내 집이라도 있으니 시동생들과 함께 살 수 있음에 고맙게 생각했다.

십 년 가까이 살고 집을 옮겼다. 작은 단독주택을 샀다. 방이 세 개, 부엌, 거실이 있고 화장실 두 개였다. 내 집 땅을 밟을 수 있다는 것이 아파트와는 다른 기쁨이었다. 무엇보다도 화초를 심을 수 있는 작은 마당이 있어 좋았다. 인간은 흙에서 태어나 흙으로 돌아간다고 했던가. 매일 꽃밭에서 피어나는 샛노란 양지꽃과 민들레, 분홍색 앵초와 패랭이가 반갑고 예뻤다. 아침마다 들여다보는 게 일과가 되었다.

성장한 아들과 딸이 결혼을 해서 집을 떠났다. 아이들이 머물던 자리에는 적막이 내려앉았다. 마음이 휑하고 텅 빈 것 같았다. 집으로 투기는 하지 않았지만 그동안 집을 늘려가며 내 욕망만 키우며 살지 않았나 하는 생각이 들었다. 내가 늘려가며 산 집이 몸을 편안하게 하는 도구가 될지 모르나 행복의 보따리가 커지는 것은 아니라는 사실을 알았다.

지독히도 가난했던 시절을 돌아봤다. 그만그만한 사람들 사이에서 피어나던 인정과 눈물에는 가난과 싸우면서도 무엇이라고 설명할 수 없는 감동이 있다는 것을 깨달았다. 꽃은 비바람을 맞고 커야만 비로소 꽃다워지고, 겨울이 춥고 길수록 봄꽃 색이 깊고 아름다운 것처럼 시련의 극복이 있었기에 내 집을 가질 수 있었으리라.

집은 집 이상이다. 그냥 집이 아니고 지난날 우리들의 삶과 애환이 응축되어 있는 공간이다. 남의 눈치를 보아야 하는 집은 상처를 주기도 하는 곳이었고, 가난하고 누추하지만 안식을 주는 집이기도 했다. 방 한 칸 얻기도 어려운 사람은 집을 단지 비바람을 막는 곳이라 말한다. 잠만 자고 나오는 곳이라고도 한다. 하지만 그곳에서 꿈을 가지고 어려움을 이겨내고 한 계단 한 계단 밟아 올라간다.

고급스런 아파트나 저택은 아니지만 방문을 열면 한낮 해가 제 마음대로 들어와 놀다 가는 집, 환한 햇살이 물밀듯 들어와 삶의 그늘을 지워 주는 집, 별다른 장식이 없어도 내가 읽고 싶은 책을 갖춰두고 독서와 글쓰기에 열중할 수 있는 집이 있음에 감사한다.

밥

　밥은 생명이다. 밥은 삶과 죽음의 경계를 나눈다. 밥을 먹지 못할 때 마지막 곡기를 채워줄 음식을 찾는 것을 보면서 생명을 부지하는 일이 얼마나 경건한 일인지 느낀다.
　아버지는 수저를 들지 못하고 얼마 안 돼서 돌아가셨다. 생애 마지막 무렵에 피를 쏟는 극심한 통증으로 하루하루를 견디었다. 병원을 가자고 해도 자식들에게 염치가 없는지, 가지 않겠다고 고집을 부렸다. 어느 날 쓰러지고 병원을 가서야 치주암이라는 걸 알았다. 잇몸에 암세포가 생겨 림프샘을 타고 목으로 전이되었다고 했다.

병원에서 아버지는 스스로 앉지도 서지도 못했으며, 의식도 없었다. 유일하게 팔만 허우적거려 콧줄을 빼곤 했다. 나중에는 그것도 끼우기가 힘들다고 간호사가 손을 침대에 묶었다. 그 모습을 보는데 가슴이 내려앉았다.

아버지는 콧줄로 연결된 유동식으로 버텼다. 밥을 먹지 못하는 상태는 아버지는 물론 보는 우리도 견디기 어려웠다. 한 그릇의 밥 대신 유동식으로 마지막을 버티는 아버지를 보면서 애증으로 가슴앓이를 했다.

세상 모든 아버지가 그렇듯이 어린 시절 아버지는 내게 절대자였다. 아버지의 손은 따뜻하고 안전한 안식처였다. 나의 작은 손을 꼭 잡아주면 그 무엇도 두렵지 않았다.

영원히 가족을 지켜줄 거라 믿었던 아버지는 어느 날부터 우리를 멀리했다. 가족의 울타리가 되어주지 못하고 바깥 삶을 살다 병이 들어 돌아왔다. 애옥살이 같은 삶으로 꿈을 키울 수가 없어서 그랬을까? 장남으로 많은 동생과 자식들의 밥벌이가 버거워서 그랬을까? 아버지의 등은 생계를 짊어지지 못했다. 어머니가 그 짐을 짊어졌고, 가난은 꽁꽁 언 겨울 밭의 무처럼 좀처럼 뽑히지 않았다.

나는 육남매의 맏이라는 짐이 비 맞은 옷을 입은 것처럼 무거웠다. 초등학교 때부터 밥하고 빨래를 하면서 동생들을 돌봐야 했다. 투정도 부릴 수 없이 일찍 철이 들었다. 세상에서 배고픈 고통이 슬프고 크다는 것도 그때 알았다. 빨리 자라 돈을 벌어 밥을 굶지 않아야겠다는 생각뿐이었다.

커가면서 아버지는 절대자가 아니라 미움의 대상이었다. 아버지를 보지 않았으면 좋겠다고 생각했던 것이 한두 번이 아니었다. 어머니와 우리를 고생시키며 외롭게 하고 눈물 나게 한 아버지를 좋은 마음으로 대한 적이 없었다.

죽음에 한 발짝씩 다가가는 아버지의 고통을 지켜봤다. 살아 있으나 산목숨이 아닌, 창백한 얼굴이 주검 같았다. 집에 와도 잠이 오지 않았다. 낮에 병원에서 본 아버지 모습이 머릿속에서 지워지지 않았다.

아버지는 병원 침대에 누워서 어머니와 자식들에게 목숨을 내맡겨버렸다. 육신은 뼈만 남아 앙상하고 초라했다. 나뭇가지에 걸린 벌레 먹은 나뭇잎처럼, 미약한 바람 한 줄기만 불어와도 그대로 떨어질 것 같은 모습이었다. 저세상에서 마중을 나온 유령이 기다리는 듯했다. 병원에서는 생명 연장 장치를 할 거냐 말 거냐를 선택하라고 했다. 어머니는 차오르는 설움을 삼키면서 아버지에게 힘들어하지 말고 가라고 간곡한 기원을 했다.

밥이 무엇인가. 매일 우리 입에 넣어서 몸을 가동하도록 해

주는 에너지원이다. 사람을 살게 하는 힘이다. 밥을 먹는 것은 뜨겁게 삶을 이어가고자 하는 열망이다. 살고자 하는 마음, 삶에서 무엇인가 이루고자 하는 밝은 욕망이다. 한 그릇의 밥에서 생명의 기운을 느끼는데 아버지는 생명의 기운을 잃어가고 있었다.

피가 점점 식어가는 아버지의 얼굴은 어느 때보다 맑고 평온했다. 아버지는 가끔 집에 들어오면 찡그린 이마에 거친 눈을 하고 쩌렁쩌렁한 목소리로 고함을 지르고 밥상을 엎어 집안을 아수라장으로 만들었다. 그럴 때면 이 폭풍이 빨리 지나가기를 얼마나 빌었는지 모른다. 그랬던 아버지가 이 세상에 아무런 미련도 원망도 없는 것처럼 말 한마디 없이 떠났다.

참으로 이상한 일이었다. 아버지의 마지막 모습 앞에서 가족을 돌보지 않은 일로 우리를 괴롭혔던 마음이 스러졌다. 끼니가 없어 굶던 일, 학비를 못 내 학교에서 쫓겨 오던 일, 집세를 내지 못해 거리에 나앉던 일, 결혼하고는 남편 보기에 부끄러웠던 일 등으로 아버지를 미워했다. 그런데 아버지의 죽음 앞에서 내 안을 채우고 있던 원망과 미움이 일순간 몸 밖으로 빠져나갔다. 돌아가셔도 눈물 한 방울 나지 않을 것 같았는데, 시야가 뿌옇게 흐려지고 주르륵 눈물이 흘렀다.

가족이 모여앉아 밥 먹는 풍경은 아름답다. 밥은 생존이고,

밥을 먹기 위해 하는 일은 신성하다. 밥을 먹고 사람들을 만나고 일하며 밤에 편안히 잠을 자면서 내일을 준비하는 생활, 평범하지만 행복한 삶이다. 인생에서 대단한 그 무엇도 잠깐인데 나는 아버지와 마주 앉아 밥 한 끼를 먹지 못하고 헤어졌다.

돌이켜 보면 아버지는 밥도 생활도 가족과도 제대로 하지 못한 이방인이었다. 밥이 아버지를 소외시키고 생활이 아버지를 억눌렀다. 아버지는 외로웠다. 자상하고 가정적인 분은 아니었지만 내겐 오직 한 사람뿐인 아버지였다. 저승에서 만난다면 아버지와 다정하게 따뜻한 밥, 한 번 먹고 싶다.

분홍 꽃과 흰 꽃

마당에 국화가 지천으로 피었습니다. 크고 작은 꽃은 색깔이 가지가지입니다. 노란색, 분홍색, 흰색, 자주색들이 서로 잘 어울립니다. 옷을 이렇게 차려입는다면 예쁘지 않을 것 같은데 꽃들은 잘 어울리네요.

그중 흰색 꽃은 혼자 있을 때보다 분홍색 꽃과 같이 있으면 예쁘게 어울립니다. 옆에 있는 남편에게 말합니다.

"흰 꽃이 빨리 지지 않았으면 좋겠어요. 분홍색만 있는 것보다 훨씬 예쁘거든요. 둘이 어우러져서."

내 말이 떨어지기가 무섭게 남편이 장난스럽게 답을 합니다.

"우리 두 사람처럼."

"아이구! 그동안 맞춰 사느라 얼마나 힘들었는데."하고 답을 하려다가 "아! 정말 그러네요. 둘이 하나에서 열까지 다 다른 만큼 오히려 잘 어울리잖아요." 하고 웃습니다.

처음 시집와서는 시할머니, 시어른이 무서워서 말하는 것조차 조심스러웠습니다. 실수할까 봐 제때 말을 하지 못하고 감정표현도 제대로 못했습니다. 싫어도 싫다고 못하고 화가 나도 참았지요. 그러다 보니 감정을 느끼는 것조차 서툴러서 좋은지, 나쁜지도 모르고 살았습니다. 그럴 때 남편이 배려해 주었으면 훨씬 수월하게 살았을 텐데 하는 생각이 듭니다.

우리 두 사람은 서로 많이 다릅니다. 처음에는 도무지 이해할 수 없는 사람이라 생각했습니다. 생각하는 것, 먹는 것, 잠자고 일어나는 습관까지. 말하는 방식이며 중요한 것, 중요하지 않은 것, 좋아하는 것, 싫어하는 것이 다릅니다. 나는 교과서에 적힌 것처럼 안전한 생활을 하고 싶은 사람이고, 남편은 만화책같이 재미있게 삶을 사는 사람입니다.

나는 꽃 가꾸고 책 읽기를 좋아하는데 남편은 개를 좋아합니다. 책은 학교 다닐 때 본 교과서가 전부인 사람입니다. 내가 글을 써도 무슨 글을 쓰는지, 무슨 책을 읽는지 관심도 없는 사람입니다. 며칠 집을 비우고 나갔다 오면 화분에 물을 안 줘서 한두 그루는 꼭 죽여 놓습니다. 개는 정성스럽게 먹이를 챙겨 주지만 꽃은 물을 주라고 부탁을 해도 안 됩니다.

하지만 같은 점도 있습니다. 둘 다 경상도 사람이고 맏이입니다. 어려운 일이 생겨도 크게 걱정을 하지 않고 잘 이겨내고 사는 것이 그렇습니다. 누구든지 먼저 여행 가자고 하면 자다가도 벌떡 일어나 갑니다.

물론 사십 년 넘게 함께 살다 보니 지금은 서로 바뀐 부분도 있습니다. 그래서 때로는 우리가 역할극을 하는 게 아닌가 싶을 정도로 바꾸어 할 때도 있습니다. 제가 할 일, 부엌일과 **빨래**를 남편이 할 때도 있고, 남편이 결정할 집안일을 내가 뜬금없이 결정할 때도 있지요.

먹는 음식도 바뀌었습니다. 남편은 밀가루 음식을 좋아합니다. 하루 한 끼는 국수나 수제비를 먹습니다. 나는 밀가루 음식을 좋아하지 않는데 이제는 나도 국수나 수제비가 먹고 싶을 때가 있으니까요. 찰밥이나 콩밥을 좋아해서 자주하는데 남편은 흰밥을 찾거나 어린아이처럼 콩을 다 가려내고 먹습니다. 왜 잡곡밥을 안 먹느냐고 물었더니 씹히는 게 싫고 맛이 없다고 합니다. 하지만 지금은 잡곡밥을 잘 먹습니다. 같이 살아가며 입맛도 서로 맞추어져 갑니다.

나이 탓이기도 하지만 총기가 없어지는 것도 같아집니다. 나가려고 하면 남편은 차 열쇠를 어디다 두었는지 찾는 일은 다반사가 되었고, 나는 가스를 켜놓고 잊어버려 냄비를 태우는 일이 많습니다. 둘 다 건망증 실력이 늘어나는 것도 닮아갑니다.

부부란 서로 다른 배경에서 자란 두 사람이 만나 한평생을 살아갑니다. 서로 돕고 사랑해야 합니다. 그동안 서로를 이해하지 못하고 서운해 하고 상처를 주는 일을 많이 했지요. 우리의 인간관계 가운데서 가장 소중한 관계로 남는 것이 부부라는 것을 알면서도 말입니다. 젊고 아름다운 날 서로 아끼고 이해하며 살았으면 좋았을 텐데 하고 생각해 봅니다.

부부는 은수저 같습니다. 은수저는 귀한 재료로 만들지만 쉽게 변색되지요. 부드러운 천으로 자주 닦아주어야 합니다. 부부도 서로에게 슬픔과 상처로 얼룩이 지지 않도록 사랑으로 닦아야 하지 않을까요. 살면서 남편이 나를 보면 답답하고, 내가 남편을 보면 황당할 때도 있었지만 혼자 살아간다면 삭막하고 재미가 없었을 것입니다.

꽃밭에서 알토란 같은 씨앗이 영글고, 그 씨앗이 자라 꽃을 피워 냅니다. 마찬가지로 아름다운 가정은 나로 끝나는 것이 아니라 자녀들로 이어지고 대를 이어 살아갑니다.

어느 부부든 언젠가는 두 사람 중 한 사람이 먼저 떠납니다.

분홍 꽃과 흰 꽃

유행가 가사처럼 살아 있을 때 잘 해야 후회하지 않겠지요. 진정한 아름다움은 함께하는 사람의 배경까지도 혹은 그 미움까지도 사랑하는 것입니다. 분홍 꽃과 흰 꽃이 잘 어울리고 아름답듯이.

직박구리 둥지

'집을 어찌 저리 예쁘게 지었을까?'

작고 앙증맞은 집이 아기 국그릇 같았다. 나뭇가지로 지은 집이 아니었다. 종이와 비닐 끈으로 바구니처럼 엮었고, 속에는 나뭇잎을 깔아 폭신하게 보였다.

어느 날부터 이름 모를 새가 아침마다 거실 창밖에서 극성맞게 울었다. 이불속에서 노곤한 몸을 뒤척이다가 일어나 창문을 열었다. 나뭇가지 사이로 하얀 바구니 같은 게 보였다. 새둥지였다. 둥지가 얹힌 가지를 살짝 흔들었더니 두 마리의 갓 깬 새끼가 붉은 입을 벌리고 고개를 내밀었다. 이내 고개를 접고 보이지 않아 다시 살짝 흔들었더니 이번엔 세 마리가 머리를 쳐들었다. 털이 마르지도 않고 듬성듬성했다.

언제 집을 짓고 알을 품었는지 알 수 없었다. 어미가 먹이를 입에 물고 돌아와 침입자를 보자 처마 끝에 앉아 비명을 질러댔다. 조용히 사랑하고 새끼를 기를 것이지 어떻게 그리 요란한지…. 거실에 숨어서 보면 수시로 먹이를 입에 넣어주었다. 부모가 자식 입에 들어가는 밥만 보아도 배가 부르다고 했는데 내가 지금 먹지 않아도 배가 불렀다.

새는 회색 옷을 입었고, 볼에는 주황색 볼터치를 했다. 궁금해서 조류 사전을 찾아보니 직박구리라는 새다. 직박구리가 울 때는 쥐소리 비슷하게 내며 우는데, 공격자가 나타나면 신호를 보내 급하게 소리를 지르고 목소리가 크다고 한다. 주로 수컷이 지휘를 하고, 암컷은 동정을 살피며 행동한다고 되어 있다.

부부새가 먹이를 물어오고 둥지를 지키는 사이 아기새는 무럭무럭 자랐다. 털도 제법 나와 모양새를 갖춰 가더니 둥지가 비좁아지니까 비행 연습을 하는지 잠깐씩 나왔다 들어갔다 했다. 그런데 내가 며칠 집을 비운 사이 없어졌다. 세상의 이치를 깨달은 듯 새끼들은 각자 제 갈 길로 떠나갔나 보다.

하루는 다 자란 새끼 새가 어디론가 가 버리고, 둥지에 어미 새만 남아 있는 것을 보았다. '새끼를 떠나보낸 어미새가 얼마나 외롭고 쓸쓸할까? 다시 돌아오는 새는 생기지 않을까?' 하는 생각을 하며 둥지에 자꾸 눈이 갔다. '집세, 물세도 받지 않는데 새끼들 데리고 더 살지.' 하는 엉뚱한 생각도 했다. 안타까움은 컸지만, 어쩔 수 없는 헤어짐이기에 아쉬움만 남았다.

　어미새가 들어 있는 둥지를 들여다보는데 어린 시절 여덟 명의 가족이 단칸방에 살았을 때가 되살아났다. 빗소리를 들으며 이불 밑에서 도란거리며 잠들던 일, 자다 보면 동생의 다리가 내 배 위에 올라와 있었다. 아침이면 서로 먼저 우산을 차지하려고 다투었던 일, 힘들고 배고플 때 동생들과 같이 울고 좋은 일이 있을 땐 함박꽃처럼 웃었던 일이 주마등처럼 지나갔다.

　어머니는 우리 육남매를 비록 자신은 춥고 배고플망정 굶기지 않고 춥지 않게 키우려고 온갖 정성과 억척으로 지난한 삶을 살았다. 모진 세월, 살아온 아픔을 참아내느라 어머니는 편찮고 외롭다. 각자의 길을 찾아 떠나간 새끼들은 제 살기 바빠 자주 찾아뵙지도 않는다. 당신은 자식들이 보고 싶어도 찾아갈 수가 없다. 그래서 아침마다 자식들에게 돌아가며 전화를 하는지 모르겠다.

　이제 어머니의 가슴에는 바스러져 가는 재만 남았다. 바람이 잦았던 남편으로 인해 상처받은 가슴을 부여안고 한숨으로 밤을 지새우곤 했었다. 조강지처라는 자존심과 우리가 버팀목이 되어 어머니의 삶을 지탱해 주었으리라. 나는 어머니의 마음도 모르고, 어서 커서 이 지질한 생활에서 벗어나야지 하는 생각을 했었다.

어머니의 그늘지고 눈물 많은 삶이 싫었다. 아버지가 돌아가신 뒤에는 어머니께서 하고 싶은 일을 하며 살았으면 했는데 그것도 되지 않았다. 몸과 마음이 황폐해져 빨리 아버지 곁으로 가고 싶다고 했다. 당신 생각은 애오라지 저녁노을을 따라간 아버지에게 가 있다. 나는 답답해서 어머니에게 화살을 쏘아대며 불효의 딱지를 쌓아 갔다.

계절이 수십 번 바뀌도록 내 새끼를 지킨다고 새끼를 떠나보낸 어미새의 심정 같은 것은 잊고 살았다. 현실의 차가운 바람이 그리움을 날려 버렸다. 퍼덕거리고 살아온 삶이 둥지를 잊게 했다. 사라진 새들을 보고, 자식을 모두 제 살길로 떠나보내고 혼자 남아 있는 어머니가 어미새의 심정과 같은 것이라는 생각이 들었다.

왜 이제서야 어머니 마음이 읽힐까? 화살을 맞은 것처럼 가슴이 뜨끔뜨끔하다. 뒤늦게 철이 드는 걸까. 애면글면 인고의 세월을 다독이며 살아 온 당신의 뒤를 따라가고 있어서일까. 그 길이 햇빛이 있는 동안은 떠도는 먼지라도 보여 다행이라고 생각하지만 사위가 어두워지면 낭떠러지로 발이 떨어지는 기분이다.

  어머니라는 따뜻한 둥지가 있어 형제간이 모이고, 어머니를 보러 간다. 어미새가 새끼들이 돌아올까 봐 빈 둥지에 앉아 있듯이 어머니도 우리를 기다리며 하루하루를 보낸다. 이번 주말에는 동생들과 어머니를 뵈러 가야겠다.

십시일반十匙一飯

고래문화마을에 재현된 장생포초등학교 교실이다. 난로 위에 노란 양은 도시락이 얹혀 있다. 그 모습을 보니 초등학교 때 담임 선생님이 주마등처럼 떠오른다.

열 살 때다. '십시일반'이란 말을 처음으로 알려 준 선생님이 계셨다. 점심시간에 반장을 시켜 도시락 뚜껑에 밥과 반찬을 한 숟갈씩 걷어 도시락을 싸오지 못한 친구에게 나눠 주면서 "바로 이런 것이 십시일반이란다." 하며 가르쳐 주셨다. 혼자가 아니라 어울려 우리가 되어 살아야 한다고 했다.

내가 초등학교 다닐 때는 아이들 도시락엔 새까만 보리밥이

태반이었고, 쌀밥을 싸오는 친구는 몇 명 안 되었다. 그나마 도시락을 가져오는 친구는 다행이고, 생활이 어려운 친구는 고구마, 감자를 쪄와 먹었다. 반찬도 김치, 짠장아찌, 단무지, 나물 등이 대부분이었다. 나는 도시락을 못 싸가 점심시간에 운동장 한 귀퉁이에서 시간을 보낼 때도 있었다. 그때는 그게 얼마나 슬프고 창피했는지 모른다. 그나마 나와 처지가 비슷한 미숙이가 있어 둘이 서로 위로가 되기도 했다.

윤기가 자르르 흐르는 쌀밥이 맛없다며 햄버거나 피자 조각을 찾는 요즘 아이들, 배고픔이 뭔지도 모르는 행복한 세대들이다. 이 아이들이 그 당시 선생님이 교실에서 했던 도시락 검사를 알겠는가, 쌀밥 싸왔다고 선생님에게 혼나던 시절을 제대로 알겠는가. 하기야 알아본들 지금의 애들이 뭐라 말하겠는가. 돌아오는 대답은 그때는 그때고, 지금은 지금이라고 시큰둥하게 반응하지 않겠는가.

부족하기는 했으나 나라에서 급식을 주었다. 우유가루, 강냉이죽, 옥수수빵 등을 학년에 따라 받았다. 그중에 옥수수빵이 인기가 많았다. 이게 전 학생에게 매일 지급되는 것이 아니라서 순서대로 지급이 되든지 아니면 그날의 청소 당번이 받기도 했다. 급식이 자기 순번 바로 앞에서 끊어질 때면 아쉬웠다. 선생님은 골고루 나누어 주셨다. 옥수수빵을 받는 날은 집에서 기다리고 있는 동생이 있어 먹지도 않고 가져갔다. 방과 후, 집에 가면 동생들은 나를 반가워하는 것이 아니라 가방 속의 빵을 찾으며 더 반가워했다.

아지랑이가 뿌옇게 날리는 봄날, 그날은 연탄불이 꺼져 아침을 먹지 못하고 도시락도 없이 학교에 갔다. 수업 시간 내내 배에서는 꼬르륵거리는 소리가 나서 짝지 보기가 부끄러웠다. 나중에는 칠판 글씨까지 아롱거렸다. 오전 수업을 마치자 선생님이 교무실로 따라오라고 하셨다. 따라갔더니 선생님 점심 도시락을 주면서 여기서 먹으라 하고 나가셨다. 전날 저녁부터 먹은 게 없어 부끄러운 줄도 모르고 밥을 먹었다. 반찬은 오래되어서 기억이 나지 않지만 내가 살아오면서 먹은 밥 중 최고로 맛이 있었다.

도시락을 내게 주었던 선생님은 소풍날 점심시간이 되었던 때를 떠올리게 한다. 한 아이가 도시락이 없이 빈손으로 따라왔다. 선생님은 그 친구에게 자신이 싸온 도시락을 넘겨주고 동료 선생님에게 가서 끼니를 해결했다.

지금 그 선생님을 만나면 "선생님, 사실 그날 저는 전날부터 먹은 것이 없어 굶고 있었어요. 선생님이 도시락을 먹으라고 주었을 때 얼마나 고마웠는지 몰랐어요." 하고 밥 한 번 대접하고 싶은데 너무 오랜 세월이 지나 선생님을 만나 뵐 수가 없다.

선생님이 하늘에서 "잊어버려야지. 그런 것까지 다 기억하고 어떻게 사나?" 하실 것 같다.

스승의 날, 선생님이 고마워서 그냥 있을 수 없었다. 선물 살 돈이 없어 남의 집 담에 핀 장미를 한 송이 꺾어 학교로 갔다. 모두 선생님 선물을 가져와 교탁에 자랑스럽게 놓았다. 나는 손을 뒤로 하고 머뭇거리니 "정숙아, 뭐야? 내놔 봐." 하셨다. 내 선물이 변변찮은 느낌이 들어 선뜻 내놓지 못했다. 선생님의 독촉으로 겨우 꽃 한 송이를 드리고는 자리로 돌아왔다. 선생님은 꽃을 작은 병에 꽂아 두고 보며 빙그레 웃었다.

그 시절은 왜 그리 가난했는지 모르겠다. 가난을 벗어나고 보니 그것도 추억이다. 길거리 풀빵 하나 못 사 먹어서 속상하던 때가 엊그제 같은데 지금은 풀빵집 앞에서 풀빵을 굽고 있는 사람 얼굴도 살필 수 있는 나이가 되었다.

반세기도 더 지난 과거다. 재현해 놓은 교실에 앉아서 초등학생이 되어 도시락을 만져 보고, 도시락을 이고 벌도 서 보았다. 장생포는 고래잡이로 잘 살았다고는 하지만 가난한 사람도 있었을 것이다. 변화무쌍한 바다 날씨처럼 맑다가도 금방 어두워지는 무상함처럼 산다는 것도 마찬가지다.

우리는 이 세상에 태어나서 스승이라는 다리를 거쳐 사회로 나간다. 앞길을 열어주는 스승에 대한 가르침은 잊지 않아야 한다. 살아가다 보면 여러 가지 일로 상처를 입는다. 가난해서 밥을 싸오지 못하는 아이들에게 배를 채워주고, 상처를 입히지 않으려고 '십시일반'을 가르친 선생님의 사랑이 고래문화마을 교실에서 노란 도시락을 보는 순간 되살아났다.

최고의 생일 선물

　내 생일은 윤팔월이다. 육십여 년을 살면서 윤팔월은 딱 한 번 있었다. 그 윤팔월 생일날, 생일은 내가 축하를 받는 날이 아니고 어머니께 감사해야 하는 날이라는 생각이 들었다. 전화를 해서 낳아 주고 길러줘서 고맙다고 했다. 아프지 말고 건강하시라고 하면서 사랑한다는 말씀을 드렸다.
　어머니께 낳아 줘서 고맙다는 말을 결혼 전에는 한 적이 없다. 힘들었던 청소년기와 이십 대에는 왜 가난한 부모를 만난 것인지, 왜 첫째로 나와 맏이 노릇을 하고 양보를 해야 하는 지 원망을 했다. 결혼을 하고 자식을 낳아 기르며 어머니의 생활이 마음대로 되지 않았음을 이해하게 되었다.

지금은 생일날 외식을 하고 좋아하는 음식을 시켜 먹기도 한다. 하지만 어릴 때는 사는 게 어려워 꿈도 못 꿀 일이었다. 지난한 살림에 어머니는 가족이 많아 생일날 미역국을 끓여 먹이느라 종종걸음이었다. 할머니, 할아버지, 고모, 삼촌은 고기라도 한 마리 굽지만 자식에게는 미역국과 삶은 달걀 하나 주는 게 생일상이었다. 다른 동생들이 "왜 나는 달걀 안 줘요?" 하면 어머니가 "걔 생일이잖아." 하면 아무도 말을 못했다. 우리 가족만 하는 생일잔치였다.

어머니는 나이 드니 자식 생일을 잊어버렸다고 했다. 어머니의 말 한 마디에 순간 가슴이 아팠다. 달력에 표시해 두지 않아도 육 남매 생일을 기억하고 전화하실 만큼 총기가 있었는데 눈물이 핑 돌았다. 어머니가 건강하게 살아 있어서 목소리 듣는 것만으로도 내겐 더할 나위 없이 큰 생일 선물이라고 했더니 아무 말이 없었다.

어머니는 좋아도 싫어도 감정표현이 없다. 슬픈 느낌이 들어 장난삼아 말했다.

"어머니, 큰딸 생일 축하한다. 사랑해. 한번 해 보세요."

사랑한다는 표현이 어색한 어머니에게는 쑥스럽고 어려운 말이다. 그냥 단순한 입말이 아니라 생일날 듣고 싶은 말이고 선물로 받고 싶다고 졸랐다.

"그래, 생일 축하해."

그러고는 머뭇거렸다.

"어머니, 그 다음 선물은?"

"큰딸! 사랑한다."

크게 말하고 별것을 다 선물로 달란다고 웃으면서 한마디 하셨다.

엎드려 절 받기로 처음 받아 본 어머니의 생일 선물이었다. 참으로 행복했고, 어머니의 딸로 태어나길 잘 했다는 생각이 들었다.

내 생애 잊지 못할 최고의 생일 선물은 어머니의 "사랑한다."는 말이었다. 그 어떤 것보다 소중하고 값진 선물이었다.

고무신

말표 태화고무신, 내가 집에서 신고 다니는 신이다. 걷기 시작하면서부터 초등학교 다닐 때까지 많이 신었던 신인데 같이 공부하는 문우가 검정고무신에 꽃을 그려 선물로 줬다.

어린 시절에 신었던 유일한 신발은 고무신이었고, 신발이라기보다 생활필수품이었다. 그것도 흰 고무신은 검정 고무신보다 비싸 대부분 검정 고무신을 신고 다녔다. 가끔 몇 명 정도는 운동화를 신고 다녔는데 잘 사는 아이들이 신었던 신이었다.

명절 때 어쩌다 새 고무신을 사주면 좋아서 그날 밤 머리맡에 신을 놓고 잠을 설치며 빨리 날이 밝기를 기다렸다. 새벽에 일어나 살며시 신어 보고 다시 잤던 기억도 있다. 온 세상을 다 얻은 듯 학교 가는 길은 가벼웠고, 아는 분을 만나면 수줍어하던 내가 큰 소리로 인사를 하기도 했다.

학교에 가서는 친구들에게 자랑을 하고 너도 나도 새 신을 돌려가며 신어 보았다. 고무신 한 짝은 이쪽, 또 한 짝은 저쪽에서 서로 신어 보려고 밀고 당기고 야단법석이었다. 고무신이 찢어지면 어쩌나 하고 걱정을 했지만 질긴 고무신은 아무렇지도 않게 내 품으로 돌아왔다.

기차표, 왕자표, 말표 등 많이 신어 본 고무신 상표다. 바닥에 찍힌 상표 이름이 닳고 닳아 없어지면 밑창에는 틀림없이 구멍이 났다. 장날이 되면 구멍 난 신을 때워 주는 신기료 아저씨를 찾아갔다. 구멍 난 부분이나 찢어진 부분에 못쓰게 된 다른 고무신의 성한 부분을 잘라 붙이고 숯불에 올려놓은 기계로 꾹 눌렀다. 그러면 고무 타는 냄새가 나고 아저씨는 손으로 물을 뿌렸다. 신은 뜨거워서 못 살겠다고 피시시 소리를 내며 하얀 입김을 토해냈다. 눌린 부분을 보면 화상 입은 자국처럼 남의 살이 두툼하게 붙어 있었다.

살짝 찢어지면 어머니가 광목천을 감싸 실로 꿰매 주기도 했다. 고무신의 수명은 연장되었고, 마지막까지 버티다 신을 수가 없으면 동네를 돌아다니며 가위질 소리를 멋들어지게 내는

엿장수에게 주고 엿을 바꿔 먹었다.

고무신은 비가 오는 날이면 진흙탕에 빠져 발만 나왔다. 여름, 발에 땀이 나면 미끌거렸고 고무신을 벗으면 발에는 신발 테두리를 따라 까만 선이 생겼다. 운동회 날, 달리기를 할 때 신발이 벗겨져 신을 벗어들고 뛰었고, 남자아이들이 공을 찰 때면 공보다 고무신이 먼저 날아가 웃었다.

고무신은 장난감도 되었다. 냇가에서 모래 장난을 할 때는 트럭이 되었고 고무신 앞코를 눌러 집어넣고 연결시켜 돌을 넣어 기차놀이를 했다. 올챙이, 피라미를 잡아 담았다. 소꿉살이 할 때는 고무신에 물을 떠다 밥도 짓고 설거지를 했다.

냇가에서 놀다 고무신 한 짝이 물결 위를 둥둥 떠내려가는 것을 잡지 못하고 울면서 집에 오면 엄마보다 할머니가 더 무서웠다. 지금의 내 나이보다 젊은 할머니가 부지깽이를 들고 나오면서 신 잃어버린 것이 뭘 잘했다고 우느냐고 야단을 쳤다. 다음날 학교 갈 때는 신이 없어 이웃에 빌리러 다녔다.

할머니는 장날, 장에 가시는 채비를 했다. 머리에 동백기름을 바르고 참빗으로 곱게 빗어 넘겨 가르마를 반듯하게 타고 은비녀를 꽂은 쪽진 머리를 했다. 단아하게 한복을 입고 속바지 속에는 돈이 든 빨간 주머니를 차고 뽀얗게 씻어 말린 고무신을 신으셨다. 장에 가신다고 치장한 정갈한 모습은 한 폭의 인물화 같은 모습이었다.

장에 다녀오신 할머니 손에는 내 발보다 큰 문수의 고무신 한 켤레가 쥐어져 있었다. 신을 떠내려 보낸 것에는 화가 났지만 신을 빌려 신기는 것은 싫으셨나 보다. 할머니 살아 계실 때 고무신 한 켤레 사드리지 못한 후회가 왜 이제야 드는지 모르겠다.

사람이 죽으면 유품과 함께 생전의 신발 한 켤레를 태워 드려야 저승 갈 때 신고 간다고 했다. 유년 시절 질기고 가난한 삶의 한 부분이었던 고무신이 부끄럽지 않았던 것은 대부분이 그렇게 살았기 때문이다.

지금은 고무신을 멋내기 신으로 신는다. 생활 한복에 꽃그림이 그려진 까만 고무신을 신으면 여름에 시원해 보이고 앙증맞다. 흰 고무신보다 검정 고무신이 어울린다. 어릴 때는 신기 싫었던 신인데 지금은 고무신을 신고 가까운 산책길과 시장을 가고 옥상으로 마당으로 돌아다닌다. 편하고 정감이 간다.

고무신이 장식품도 된다. 그냥 두고 봐도 예쁘고 흙을 담아 식물을 심으면 화분이 되고, 물을 담고 작은 고기를 넣어 기르면 어항이 된다. 닳아서 신을 수 없게 되면 흙을 담고 다육 식물을 심는다.

어린 시절, 고무신을 신고 꿈을 키웠다. 고무신을 보면 새것

보다 낡고 구멍 난 것이 먼저 생각난다. 그것은 잊고 싶은 기억도 있지만 추억을 꺼내 보고 싶은 슬프고 아름다운 기억들이 있기 때문이다. 여름에는 한없이 뜨겁고 겨울에는 차가워 발이 시렸던 고무신이 밑바닥에서 무게를 떠받치고 성장하게 해주었다.

  가끔 힘든 시간을 보내고 있을 때, 고무신 신은 발을 본다. 고무신은 발바닥보다 더 낮은 아래에서 나의 가는 길을 도와주었다.

청라언덕

　동산병원에 도착하니 세 시다. 아직 예약시간까지 한 시간이나 남았다. 한 시간 동안 무엇을 할까 생각하다 청라언덕에 올랐다. 청라언덕은 동산병원 안에 있는 곳이다. 20세기 초 선교사들이 붉은 벽돌을 한 장 한 장 쌓아 올려 동산병원을 세웠다. 그 벽에 담쟁이 넝쿨이 덮여 청라언덕이 되었다고 한다.
　제일교회가 청라언덕 위에 우뚝 서 있다. 석조 건물의 교회가 웅장하다. 대구 최초의 교회로서 선교사들이 근대적 의료 및 교육을 하기 위해 세운 교회이다. 높은 쌍탑이 하늘을 찌른다. 작은 초가 교회로 시작해 현재에 이르기까지 백여 년의 역사를 가진 교회다.

  선교사들이 살던 주택은 의료박물관으로 만들어져 일반인에게 공개 되었다. 일제 강점기, 어둡고 가난할 때 태평양 건너 머나먼 미국에서 온 선교사들이 대구에서 기독교를 전파하고 아픈 사람을 치료해 주며 살던 곳이다. 지금은 선교, 의료, 교육, 역사박물관으로 사용하고 있다. 우리나라에 와서 사용하던 의료기기와 그때 썼던 생활용품이 전시되어 있다.

  의료 박물관이 있는 마당에는 은혜정원이 있다. 선교와 의료활동을 하며 살다 본국으로 가지 못하고 삶을 마감한 선교사들이 잠들어 있는 곳이다. 찾는 이 없이 묘지석만 십여 개가 있다. 저절로 고개가 숙여진다. 일세기가 넘은 사과나무만이 그것을 증명하듯 꽃을 주렁주렁 달고 내려다본다.

  정원을 돌아보는데 '동무생각' 노래가 들려 온다. 노래비가 정원에 한자리 차지하고 있다. 작곡가 박태준 선생님이 계성학교 시절, 청라언덕으로 다니며 흠모한 신명학교 여학생이 있었는데, 부끄러워 말 한 마디 붙여보지 못하고 짝사랑으로 끝났다고 했다. 여학생은 본인을 좋아하는 남학생이 있는지도 몰랐다고 한다. 졸업하고 외국으로 유학을 떠났다니 작곡가는 얼마나 그 여학생이 보고 싶고 그리웠겠는가.

  이야기를 들은 친구 이은상 선생님이 시로 써서 탄생한 곡이

'동무생각'이다. 백합이 피어 있지 않지만 백합화 같은 여학생을 보며 사모한 작곡가의 그리움이 서린 청라언덕이다. 여기에 동무생각이 울려 퍼지고 있고 박태준 선생님의 짝사랑 이야기가 그림처럼 그려진다.

노래비를 보는데 중학교 때 음악 시간이 떠오른다. 입학하고 얼마 안 되어 이 노래를 선생님의 피아노 반주에 맞추어가며 배웠다. 처음으로 피아노 소리를 들었는데 마른 체구에 단정하게 빗어 넘긴 머리, 얼굴이 하얗고 가늘고 긴 손가락으로 치는 남자 선생님의 피아노 소리가 얼마나 황홀했는지 모른다.

선생님은 이 노래로 독창 노래 시험을 친다고 했다. 한 소절씩 먼저 들려주시면 우리는 피아노 소리에 맞추어 따라 불렀다. 중학교 입학의 설렘과 공부를 잘 할 수 있을까 하는 두려운 마음이 교차했는데 동무생각을 처음 배우면서 삼월의 꽃샘추위가 말끔히 달아났다. 노래를 부를수록 꽃이 활짝 피듯 움츠렸던 몸이 펴졌다.

나는 노래를 잘 못 부른다. 지금도 그렇지만 누가 노래 한번 불러 보라고 하면 숨거나 도망을 다녔다. 시험 보는 날, 내 차례가 되어 노래를 부르는데 '청라언덕과 같은 내 맘에 백합 같은 내 동무야' 하는 데서 박자를 틀리고 말았다. 끝까지 부르지 못하고 얼굴이 빨개져 내려왔다. 등하교 때 잘 못 부른 동무생각을 흥얼거리며 다녔다. 다음번엔 잘 불러야지 하는 생각을 했는데, 다시는 노래를 시켜주지 않았다.

　사춘기 시절 처음 본 음악 선생님을 좋아해 노래는 못 부르면서도 음악 시간은 기다려졌다. 초등학교 때는 담임선생님이 치는 묵직한 풍금소리에 맞춰 노래를 배웠는데 중학교는 음악 선생님이 따로 있어 신선한 느낌을 받았다. 과학이나 사회 시간은 오십 분이 지루해서 언제 끝나나 하며 끝나기를 기다렸는데, 음악 시간은 한 시간이 금방 지나갔다. 즐거운 음악 시간이 일주일에 한 번밖에 없어 기다려지곤 했다.

　나와 집이 같은 방향인지 등굣길에서도 가끔 음악 선생님을 만났다. 어느 날 딴 학교로 가시게 됐다면서 "길에서 만나면 서로 인사하자." 하면서 헤어졌다. 수줍어서 어느 학교로 가는지 물어보지도 못했고, 그저 섭섭한 마음만 들었다. 그 후론 선생님을 한 번도 보지 못했다.

　바람이 흔적을 지우고 빗방울이 체취를 씻어내려 해도 청라언덕의 담쟁이 넝쿨은 매년 태어난다. 매일매일 돋아나는 담쟁이넝쿨이 희망이 되어 병원에 있는 아픈 사람이 완치되었으면 좋겠다. 백여 년 가까이 간직해온 역사에 숨을 죽이고 그 이야기에 귀 기울여 보면 가슴 먹먹한 감동이 흐른다. 청라언덕에서 동무생각을 흥얼거리며 병원으로 향한다.

어머니 전前

 어머니가 먼 곳으로 떠나셨습니다. 새끼에게 뼈와 살을 먹이고 죽음을 맞는다는 가시고기의 삶과 다르지 않았던 어머니, 아무렇지도 않게 자는 잠에 가셨지만 아무렇게나 보낼 수 없는 어머니, 돌아가신 지 며칠 안 됐지만 징검다리 위를 아슬아슬하게 건너시듯 한세상을 살다 가신 어머니가 그리워집니다.
 돌아가시기 일주일 전, 어머니를 뵈러 요양병원에 갔지만 비대면으로밖에 볼 수가 없었습니다. 유리문 밖에서 어머니를 부르며 손짓을 하고, 어머니는 문 안에서 서러운 몸짓으로 쳐다보며 아무 말을 하지 않았습니다. 손이라도 잡아 보고 싶어 보호사에게 문 좀 열어 달라고 사정을 해도 열어 주지 않았지요. 핸드폰을 연결해 주었지만 귀가 어둡고 말문이 닫혀 나만 어머니를 부르다 무거운 발길을 돌렸습니다. 그게 어머니를 본 마지막 모습이었습니다.

코로나로 2년 동안 한 번 안아드리지도 못하고, 임종도 못 지키고, 입관할 때야 어머니를 가까이서 보았습니다. 살아생전, 특별한 날 외에는 화장한 얼굴을 별로 본 적이 없었는데 분을 바르고 립스틱을 예쁘게 바른 어머니가 고왔습니다. 꽃버선과 수의만 안 입었으면 주무시고 계시는 것 같았어요. 돌아가셨다는 게 실감이 나지 않아 얼굴을 만지고 몸을 만져 보았더니 싸늘한 촉감에 가슴이 무너져 내렸습니다.

어머니의 생을 생각해 보니 살면서 기쁨보다 슬픔이 많았고, 쉬운 일보다 어려운 일이 더 많았습니다. 삶의 고비마다 고통스러웠지만 어머니는 이겨내셨고, 우리를 키우고 사랑으로 보살폈습니다.

허리를 펴실 만해지니까 병고에 시달리셨지요. 어머니의 가는 다리, 휠체어에 앉아 무릎담요 밑으로 삐죽이 나온 두 발, 그 발은 가난과 삶의 신고 속에서 당신 혼자 힘으로 살림을 꾸려 나가고 우리 육남매를 부끄럽지 않은 떳떳한 인간으로 만들기 위해 뛰어다니셨던 발이지요. 자식이 잘 되는 것이 어머니에게는 선택의 여지가 없는 유일한 가치이자 자존심이었습니다. 육신이 다 닳아 쓸 수 없을 만큼 희생하신 어머니, 당신은 참으로 위대하셨습니다.

어머니와의 인연의 끈이 여기까지인가요. 생각만 해도 가슴이 아려옵니다. 머리카락이 자라고 주름이 늘어가듯 그리움도 자라겠지요. 살아 계실 때 자식들을 보고 또 봐도 보고 싶다던 어머니의 말씀처럼 저는 어머니가 안 계셔도 끈을 놓지 않고 어머니의 그림자 속에 살고 싶습니다.

어머니의 유품, 일기장 네 권과 제가 보낸 편지를 가지고 왔는데 아직 읽을 용기가 나지 않네요. 시간이 가고 마음이 편해지면 읽어 볼게요. 그동안 전화 통화도 안 되고 만날 수가 없어 어머니께 보낸 편지를 한 통도 버리지 않고 보관해 놓고 수시로 읽으셨다고 하는 보호사님의 말에 가슴이 먹먹했습니다.

어머니의 따뜻한 손, 보드랍던 머리카락, 이젠 만질 수가 없네요. 사람이 어떻게 연기가 되어 한 줌 가루로 남는지, 그런 날이 오고야 말았습니다. 어머니를 보내면서 이제 어머니는 안 계시구나 하는 생각이 거짓 같았고, 뒤에서 내 등을 쓰다듬을 것 같았습니다.

한 사람의 일생이 송두리째 사라져 버렸는데 세상은 아무 일 없다는 듯 돌아가고, 자식들은 밥을 먹고 잠을 자며 일을 하는 게 당연하면서도 화가 납니다. 이제 자식 걱정, 손주 걱정 다 내려놓으세요. 모두 각자의 자리에서 앞가림 잘하고 있고 동생들 보살피며 잘 살겠습니다.

어머니를 떠나보낸 이 가을, 슬픔이 마른 잎처럼 우수수 떨어집니다. 왜 이리 춥고 허전한지요? 하늘에 가서는 아프지 말고 편안하시라고 낙엽 편지를 써서 허공으로 띄워 봅니다.

어머니, 살면서 아팠던 기억, 슬펐던 일, 모두 잊고 우리의 사랑만 가져가세요. 바람처럼 새처럼 훨훨 날아다니면서 행복하시길 빕니다. 세상에서 부르던 정다운 이름으로 당신 품에 안긴 어린아이의 어리광으로 불러봅니다. 엄마, 고맙습니다. 사랑합니다.

2022년 11월 30일 딸 정숙 올림

발문

한 송이 꽃을 피우기 위해
발돋움하는 간절한 몸짓의 언어

　　文문은 人인이요, 人인은 文문이다. 이는 곧 수필을 두고 이르는 명제다. 수필을 통해 그 사람을 읽을 수 있고, 그를 통해 그의 수필을 읽을 수 있다. 지난 십 년 동안 조정숙을 통해 그의 수필을 읽고, 그의 수필을 통해 그의 삶을 읽는 즐거움을 누렸다.

　　조정숙의 본격적인 문학 공부는 2016년 봄, 오영수문학관에서였다. 난계창작교실은 1년에 40회에 걸쳐 진행되는 장기적인 수필 프로그램이다. 그는 이곳에서 동료 문우들을 안내하고 채근하는 봉사와 헌신을 겸하며, 만 9년 동안 거의 빠짐없이 수업에 참석

하는 열정과 집념을 보여 왔다. 더욱 놀라운 것은 360여 회의 수업 동안 200여 편의 작품을 창작해 내었다. 참으로 삶을 대하는 그의 진지한 자세를 엿보게 하고, 문학의 튼실한 뼈대를 미리 확인하게 하는 부분이 아닐 수 없다. 이번 수필집은 그 작품들 중에서 첫 수필집의 성격에 맞게 40여 편을 선별하여 예술인 재단의 창작지원을 받아 발간한 것이다.

'집'과 '밥'

조정숙의 수필은 화려하게 만개한 꽃들의 심미적 탐색이 아니다. 삶의 숱한 변곡점들을 지나면서 한 송이 꽃을 피우기 위해 매 순간 발돋움하는 간절한 몸짓들의 언어이다.
그의 삶과 수필의 기본 바탕에 깔려 있는 키워드는 우선 '집'과 '밥'이다.

나는 어릴 때부터 집주인에게 쫓겨나지 않고, 눈치 보지 않는 우리 집에서 사는 게 꿈이었다. 경제적으로 힘이 없는 아버지와 어머니, 나, 동생 다섯, 모두 여덟 식구가 단칸방에서 살았다. 공동수도가 있는 마당을 가운데 두고 단칸방들이 다닥다닥 붙어 있는 집에 일곱 가구가 엉켜 살았다. 문이라고는 들어가는 문밖에 없는 방, 햇볕도 놀러 오지 않는 방, 아침이면 화장실에 가는 줄이 길게 서 있는 집이었다. 초라한 단칸방 하나 유지할 돈이 없던 우리는 밀린 월세를 내지 못해 보증금마저 날리고 그 방에서 쫓겨났다.

　보잘것없는 세간을 식구들이 짊어지고 민달팽이처럼 비탈진 달동네를 걸었다. 골목을 몇 바퀴 돌았더니 다리가 후들거렸다. 판잣집들로 이어진 골목, 가파른 계단에 앉아 아래를 내려다보았다. 어둠 속에서 반짝이는 불빛들이 수를 놓았다. 집은 저리 수두룩하건만 우리가 갈 곳은 없었다. 아버지는 돈을 구하러 갔고 어머니와 우리는 아무 말이 없었다. 때로는 침묵도 위로가 되니까. 가진 게 없는 우리는 하늘의 반짝이는 별빛보다 저 아래 찬란한 불빛을 동경했다. 그날은 공터 평상에서 달빛을 이불로 덮고 하룻밤을 보냈다. (-「집」에서)

　그의 작품들에서 '집'을 제목으로 단 작품은 하나뿐이지만 '집'이라는 단어는 수시로, 곳곳에서 나타난다. 삶의 원형이요, 울타리가 되는 집을 구하고, 키우고, 애지중지 가꾸는 일은 그에게서 존재를 유지하는 본능의 몸짓이다. 그런 점에서 그의 '집'은 모든 생명체들의 집을 짓는 처연한 풍경을 떠올리게 한다. 날아가는 직박구리가 둥지를 트는 모습, 땅 밑으로 굴을 파서 비를 피하는 개

미들의 집을 생각한다. 이러한 그의 집은 곧 동질의 함의어인 '밥'으로 이어진다.

    밥은 생명이다. 밥은 삶과 죽음의 경계를 나눈다. 밥을 먹지 못할 때 마지막 곡기를 채워줄 음식을 찾는 것을 보면서 생명을 부지하는 일이 얼마나 경건한 일인지 느낀다. 밥이 무엇인가. 매일 우리 입에 넣어서 몸을 가동하도록 해주는 에너지원이다. 사람을 살게 하는 힘이다. 밥을 먹는 것은 뜨겁게 삶을 이어가고자 하는 열망이리라. 살고자 하는 마음, 삶에서 무엇인가 이루고자 하는 밝은 욕망이다. (-「밥」 요약)

그는 가족이 모여앉아 밥을 먹는 풍경이 참으로 그립고 아름답다고 한다. 밥은 생존이고, 밥을 먹기 위해 하는 일은 신성하다고 한다. 밥을 먹고 사람들을 만나고 잠을 자면서 내일을 준비하는 생활, 그것은 평범하지만 비로소 행복한 삶이다. 능력이 없는 아버지에 대한 미움도 결국은 밥 때문이요, 그 원망의 마음이 애잔함으로, 안타까움으로 그리고 어느덧 화해로 변곡되는 점도 밥 때문이다.

'사십 대'와 '오십 대'

대체로 첫 수필집은 자전自傳의 내용과 연대기적 구성을 취한다. 첫 수필집이 아니면 담기 어려운 부분이기 때문이다. 인생의 중간시대, 삶의 중추지대를 건너 자기만의 얼굴을 조형해 나가는 그 지점을 조정숙은 어떻게 건너고 있을까.

나는 마흔에서 오십 사이, 십 년을 한길로만 달려왔다. 1997년, 아이엠에프 터지던 해가 마흔이었다. 회사들은 구조조정을 하고 자영업 하는 사람들은 힘들어하던 때였다. 남편 회사도 구조조정을 했다. 다행히 남편은 구조조정 대상에서 빠졌지만 임금이 동결됐다. 시간이 갈수록 시어른 병원비, 아이들 교육비는 늘어만 가는데 남편 혼자 벌어 감당하기에는 많이 부족했다.

정보지를 보고 찾아간 곳이 학습지 회사였다. 돌이 지난 유아부터 초등학교까지의 학습지였는데 일주일에 삼 일을 배달하고 하루는 가르침을 원하는 아이 집에 가서 지도하는 것이었다. 입사할 때는 시간이 자유로워 가정일과 아이들을 돌볼 수 있을 것 같아 들어갔는데 그렇지가 않았다. (-「마흔은 인생의 변곡점이었다」에서)

최선이 차선이 되고 행운이 불행이 되고 불행이 행운이 되는 게 우리 인생이다. 복잡하고 미묘한 것이 어느 순간 잉태를 노리다가 발아하기 때문이다. 그의 사십 대는 시초는 미약하고 형편없어 보였지만 세상 밖으로 나와 삶의 궤적이 달라지는 큰 변곡점이었다.

조정숙에게 오십 대의 십 년은 남편, 자식, 부모를 벗어나 자신이 하고 싶은 것을 위해 가장 왕성하게 살았던 시기로 읽힌다.
한식 양식 조리사 자격증, 플로리스트 자격증, 화훼기능사 자격증, 요양보호사 자격증을 따고, 응급구조사 교육을 이수했다. 무엇보다도 보람된 것은 방송통신대학 국문학과를 입학하여 4년 내내 장학생을 지내고 졸업장과 더불어 두 개의 상을 받았다고 했다. 그리고 이제 육십 대에 와서는 또 다시 십 년을 문학에 정진하고 있다. 참으로 찬사를 넘어 조금 과할지는 몰라도 그에게 경외감마저 든다.

'키우다'

그의 삶과 수필을 가는 체로 걸러낸다면 아마도 '키우다'라는 또 하나의 키워드가 남을 것 같다. 그의 수필은 많은 부분에서 꽃을 키우는 내용을 담고 있다. 그는 의식적이든 무의식적인 무언가를 키우는 삶을 살아왔다. 가정을 키우고, 학습지 교사로서 아이들을 키웠고, 손자들을 키웠고, 만학도로서 자기 내면을 키워왔다.

그런 그가 꽃을 키운다. 그의 주택 마당에는 온통 꽃이다. 채송화, 맨드라미, 봉숭아들이 아우성치듯이 피어난다. 한 송이 꽃은 폭우와 폭염, 추위 등을 이겨낸 치열한 과정과 고통을 이겨낸 노력의 결과라는 점에서 작가 자신과 동일한 존재다.

그는 꽃을 보면서 삶의 고비를 넘어오느라 받은 상처와 아픔들을 치유 받는다. 삶의 고단함도 어느 순간 꽃처럼 피어날 수 있으리라는 희망을 가진다. 꽃을 보면서 삶에 찌든 나 자신을 정화시키고 각박한 현실로부터 위로를 받는다. 무엇을 키운다는 것은 더구나 꽃을 키우는 일은 어쩌면 지난했던 시절의 대척점에 서서 이제는 휴식의 따뜻함을 보상받는 것이 아닐까.

그런 그가 문학에서도 다양한 능력을 보인다. 사실 그는 십 년의 문학 수업 중, 근년에 공모전을 통해 시인으로 등단했다. 수필 쪽에서 유심히 지켜보던 터라 수필가로서 시인이 아니라, 시인으로서 수필가라는 이름이 약간 섭섭한 것은 사실이다. 그럼에도 어쩌랴. 시로 쓸 수 없는 수필이 있고, 수필로 쓸 수 없는 시가 있는 것을. 그런 그의 글에서 다수의 동화적 요소는 또 다른 재능을 보여주는 부분이다. 제3부에서 「초승달이 된 햄버거」, 「숨바꼭질」, 「품」, 「손자의 일등」, 「달고나 체험」 등이 그러하다. 또한 수필에서 자주 쓰지 않는 경어체의 글이 여러 편 보이는 것도 이런 점을 뒷받침하고 있어, 그의 문학적 다양성을 열어두고 있다.

표제인 '변곡점'은 요(凹)에서 철(凸), 또는 철에서 요로 바뀌는 지점으로서 어떤 일의 변화를 위한 매듭점을 나타내기도 한다. 그 변화의 점들은 지난 일들을 털어내는 것이 아니라 지금까지 삶의 점점들이 퇴적하여 보다 깊은 삶으로 진화한다는 문학적 의미를 포함하고 있다. 이런 점에서 조정숙의 수필은 지난했던 지난날의 '집과 밥', '사십 대와 오십 대의 연대기', '키우다'라는 긴 여정을 아우르는 삶의 총체로 받아들여진다. 생각해 보면 그가 일상에서 자주 쓰는 '고맙습니다, 감사합니다'라는 말도 이러한 그의 삶과 수필 전체를 응집, 함축하는 그만의 상징어가 아닌가 싶다.

— 홍억선(한국수필문학관장)

조
정
숙
수
필
집

미흡한 글로 겁 없이 외출을 시도해 봅니다.
문을 나서기가 머뭇거려지고 두렵습니다.
나를 있는 그대로,
가장 서툴게, 가장 짧게 옮겨 놓았습니다.

우리시대의 수필 작가선 113

변곡점

조정숙 2024

인쇄일	2024년 12월 05일
발행일	2024년 12월 09일

지은이	조정숙
발행인	이유희
편집인	이숙희
발행처	수필세계사
인쇄처	포지션

출판등록 | 2011. 2. 16 (제2011-000007호)
주소 | 41958 대구광역시 중구 명륜로 23길 2
연락처 | Tel (053) 746-4321 / Fax (053) 793-8182
E-mail | essaynara@daum.net

값 13,000원
ISBN 979-11-93364-13-0

한국예술인복지재단
KOREAN ARTISTS WELFARE FOUNDATION

* 본 서적은 2024 한국예술인복지재단의 지원을 받아 발간되었습니다.